BIBLIOTHÈQUE GÉNÉRALE DE PHOTOGRAPHIE

LA BIBLIOTHÈQUE
DU
PHOTOGRAPHE

EN

FRANÇAIS, ITALIEN, ANGLAIS, ALLEMAND, ESPAGNOL

PAR

Abel BUGUET
Professeur au Lycée et à l'École des
Sciences de Rouen

Dr Luigi GIOPPI
Directeur du Journal
Il dilettante di fotografia

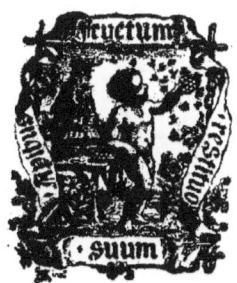

PARIS
SOCIÉTÉ D'ÉDITIONS SCIENTIFIQUES
PLACE DE L'ÉCOLE-DE-MÉDECINE
4, RUE ANTOINE-DUBOIS, 4

LA BIBLIOTHÈQUE

DU

PHOTOGRAPHE

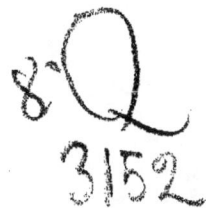

MÊME SOCIÉTÉ

BIBLIOTHÈQUE GÉNÉRALE de PHOTOGRAPHIE
PUBLIÉE SOUS LA DIRECTION DE ABEL BUGUET

La Photographie de l'Amateur débutant, par Abel Buguet — Un volume avec 44 figures. Troisième édition, revue et augmentée.................................. 1 fr. 25

L'Atelier de l'Amateur, par Fleury-Hermagis. — Un volume avec figures................................... 1 fr. 50

Traité des Excursions photographiques, par Fleury-Hermagis et Rossignol. — Un volume illustré, troisième édition.. 6 fr. »

L'Aristotypie, par le Commandant Legros. — Un volume avec une épreuve de Liesegang................ 2 fr. »

La Photogrammétrie, par le Commandant Legros. — Un volume avec 50 figures............................ 5 fr. »

Recettes Photographiques (1re série), par Abel Buguet. — Un volume illustré contenant 300 recettes..... 2 fr. »

Recettes (2e série), par Abel Buguet. — Un volume contenant plus de 300 recettes. Broché............... 2 fr. »

L'éclairage dans les ateliers de photographie, par Duchochois. Traduit de l'édition américaine, par C. Klary. — Un vol................................... 3 fr. »

Le photographe portraitiste, par C. Klary. — Un vol. avec nombreuses gravures............................ 5 fr. »

Les travaux du soir de l'amateur photographe, par Hepworth, traduit par C. Klary. — Un vol. in-8° avec nombreuses illustrations........................ 4 fr. »

Annuaire de la photographie, par Abel Buguet. — Un vol. in-8° illustré.................................. 2 fr. 50

Manuel de Chimie photographique, par Maumené, docteur ès sciences — Un volume..................... 5 fr. »

Manuel pratique des projections lumineuses par T.-C. Hepworth. — In-18 de 350 pages, illustré de 71 figures.. 5 fr. »

L'Objectif photographique, fabrication, essai, emploi, par G.-H. Niewenglowski. — Un vol. in-18, avec fig. 2 fr. »

L'année photographique, par Abel Buguet. — Un volume illustré de 35 gravures et de 2 phototypographies hors texte.. 4 fr. »

Formules photographiques, par Abel Buguet (600 numéros)... 3 fr. »

Formules photographiques, par Abel Buguet. 1 vol. 3 fr. »

Memento de photographie, par Abel Buguet. Un vol.

La photographie devant la loi, par Bigeon (1892). 2 fr. 50

Le mouvement étudié par la photographie, par Marey, de l'Institut.

L'homme en mouvement (*Études de physiologie artistique*), par Marey, de l'Institut et Demeny. Album... 4 fr.

Lumière, couleur et photographie, par Louis Calmette, agrégé ès sciences physiques et naturelles. Un vol. in-18, avec grav................................... 2 fr. »

La photographie nocturne, par Klary. Un vol. ill. 4 fr.

Envoi franco par la poste contre un mandat.

BIBLIOTHÈQUE GÉNÉRALE DE PHOTOGRAPHIE

LA BIBLIOTHÈQUE
DU
PHOTOGRAPHE

EN

FRANÇAIS, ITALIEN, ANGLAIS, ALLEMAND, ESPAGNOL

PAR

Abel BUGUET
Professeur au Lycée et à l'École des
Sciences de Rouen

Dr Luigi GIOPPI
Directeur du Journal
Il dilettante di fotografia

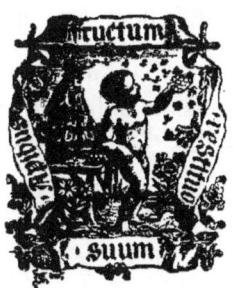

PARIS
SOCIÉTÉ D'ÉDITIONS SCIENTIFIQUES
PLACE DE L'ÉCOLE-DE-MÉDECINE
4, RUE ANTOINE-DUBOIS, 4

PRÉFACE

Il serait bien superflu d'insister sur la nécessité des livres en photographie et l'opportunité du petit catalogue que voici.

A qui, photographe ou amateur, n'est-il arrivé mille fois de ne savoir où aller chercher les renseignements qui doivent le tirer d'embarras.

La *Bibliothèque du photographe* est assez riche aujourd'hui pour qu'on puisse lui consacrer un volume qui sera consulté avec fruit par tous les travailleurs.

Afin de laisser à l'ouvrage la forme cosmopolite qui convient à un tel recueil, nous avons respecté, dans les titres du livre, la langue où chacun est écrit.

Quant aux indications destinées à faciliter les recherches, nous avons tenu à les reproduire dans les quatre langues *allemande, anglaise, italienne* et *française* qui suffisent à les mettre à la portée de tous les lecteurs du monde.

Il s'en faut que nous ayons la prétention de produire d'emblée une œuvre parfaite. Bien des renseignements utiles ont échappé à nos patientes recherches.

Nous comptons heureusement sur la collaboration de nos lecteurs à qui nous serons grandement reconnaissants des corrections et compléments d'informations qu'ils voudront bien nous communiquer.

Grâce à eux, la prochaine édition de ce petit travail pourra devenir absolument complète.

Décembre 1892.

Prof. Abel BUGUET.   Dr. LUIGI GIOPPI.

Adresser toutes communications relatives à la rédaction à *M. Abel Buguet, Société d'Éditions Scientifiques*, 4 *rue Antoine-Dubois, Paris.*

PREFAZIONE

Ci sembra superfluo l'insistere sulla necessità dei libri in fotografia e sulla opportunità del piccolo volumetto che presentiamo.

A chi, fotografo o dilettante, non è toccato le mille volte di non sapere dove pescare le notizie che doveano toglierlo dall'imbarazzo?

La *Biblioteca del fotografo* è già tanto ricca oggidì da richiedere che le si consacri un volume che sarà consultato con vantaggio da chi lavora.

Per lasciare all'opera la forma cosmopolita che è adatta al genere, abbiamo rispettato nel titolo dei libri la lingua in cui ognuno è stampato.

Per le indicazioni destinate a facilitare le ricerche, abbiamo voluto riprodurle nelle quattro lingue più importanti: *Francese, Tedesco, Inglese* ed *Italiano*, che basteranno a farle comprendere da tutti i lettori del mondo.

Non abbiamo certo la pretesa di aver fatto un'opera completa giacchè molte notizie utili sono sfuggite alle nostre pazienti ricerche.

Noi calcoliamo, fortunatamente, sulla collaborazione dei nostri stessi lettori, dai quali riceveremo con vera riconoscenza le notizie complementari, le aggiunte, le correzioni che vorranno comunicarci.

Per loro mezzo, la prossima edizione di questo lavoruccio potrà essere davvero completa.

Dicembre 1892.

Prof. Abel BUGUET.   D^r. LUIGI GIOPPI.

Per modificazioni ed aggiunte rivolgersi al Sig. *Prof. Abel Buguet, Société d'Éditions scientifiques, rue Antoine-Dubois, 4, Paris.*

VORREDE

Es ist ganz überflüssig darauf zu bestehen das Bücher-Bedürfniss in der Photographie, und die Opportunität eines solchen kleinen Buches hervorzuheben.

Ist es nicht tausendmal vorgekommen dass sei es ein Photograph oder ein Amateur nicht wisse, wo er die Nachweisungen suchen kann, welche Ihm aus seiner Verlegenheit ziehen sollen?

Die « *Bibliotheek des Photographen* » ist heutzutage reich genug, dass man zu derselben einen Band bestimmen kann, welchen alle Arbeiter, mit Erfolg, nachschlagen werden.

Um dem Werk, seine kosmopolitische Form zu lassen, welche sich für eine solche Sammlung geziemt, haben wir, was die Titel der Bücher betrifft, auf die Sprache, worin jedes geschrieben ist, Rücksicht genommen.

Was die Anzeigen anbelangt, die dazu bestimmt sind, die Nachforschungen zu erleichtern, haben wir dieselben in den vier Sprachen *deutsch, englisch, italienisch*, und *französisch*, wiedergegeben, welche dazu genügen werden, dieselben, allen Lesern der Welt, verständlich zu machen.

Wir wollen nicht damit behaupten, dass wir, gleich das erste Mal ein vollkommenes Werk hervorgebracht haben. — Recht viele und nützliche Nachweisungen, sind unsern wiederholten Erforschungen entgangen.

Glücklicherweise aber, zählen wir auf die Mitarbeitung unserer Leser, denen wir höchst dankbar dafür sein werden, wenn Sie uns gütigst Verbesserungen und weitere Vervollständigungen mittheilen möchten.

Dadurch, wird ohne Zweifel, die nächste Ausgabe dieses Büchleins, eine durchaus vollständige sein.

December 1892.

Prof. Abel BUGUET.   **Dr. LUIGI GIOPPI.**

Man sende jede Mittheilung, die Redaktion betreffend an prof. *Abel Buguet, Société d'Éditions scientifiques, 4, rue Antoine-Dubois, Paris.*

PREFACE

We consider it superfluous to insist on the necessity of books for photography, or on the advantage of this little volume.

Who, photographer or amateur, has not a thousand times sought in vain for information necessary to overcome some difficulty.

The *Photographer's library* is already rich enough to need a volume serving as index which may be consulted with advantage by workers.

In order to leave each work its cosmopolitan form, adapted to that kind of work, we reproduce the titles, each in the original language in which it was printed.

We have decided to translate the indications destined to facilitate research, in four of the most important languages: *French*, *German*, *Englisch*, and *Italian*, which suffise for all readers.

We do not pretend to have created a perfect work, many details have escaped a patient research ; — we count, however, upon the collaboration of our readers, from whom, we shall receive with true gratitude, any supplementary indications, additions, or corrections wich may be thought fit to communicate.

With such aid, the new edition of this little volume, may, we hope, be really complete.

Dezembre 1892.

Prof. Abel BUGUET.   D^r. LUIGI GIOPPI.

Address for modifications, or additions, *Prof. Abel Buguet, Société d'Éditions scientifiques, rue Antoine-Dubois, 4, Paris.*

PROLOGO

Nos parece supérfluo el insistir acerca la necesidad de los libros en fotografia, como tambien sobre la oportunidad del tomito que presentamos al publico.

¿ Cual es el fotógrafo de profesión ó el aficionado que no se ha encontrado mil veces sin saber donde hallar los datos que han de sacarle de apuro ?

La *Biblioteca del Fotógrafo* es tan rica y a hoy dia, que reclama se le consagre un volúmen que redundará en ventaja de los que se ocupan de la fotografia.

Para conservar, en esta obrita, la forma cosmopolita que su genero reclama, habemos respectado al copiar el titulo de los libros, el idioma en el cual están impresos.

Para las indicaciones que han de facilitar el modo de buscar las noticias que deseamos, habemos querido reproducirlas en los cuatro idiomas más importantes, como son : el *frances*, el *aleman*, el *inglés* y el *italiano*, seguros de que bastarán para que todos los lectores del mundo nos comprendan.

No tenemos la pretensión de haber hecho una obra enteramente completa, pues serán muchas las noticias que habrán escapado á nuestras pacientes investigaciones.

Pero por fortuna confiamos con la colaboración de nuestros mismos lectores á los cuales agradecerémos las noticias complementarias las adiciones ó las correcciones que tuvieran á bien dirigirnos.

Por este medio podremos, al hacer otra edición, presentar una obra verdaderamente completa.

 El Profesor Abel Buguet. El Doctor Luis Gioppi.

Para las modificationes y aliciones que se deseen hacer á esta obrita, dirigirse al *Profesor Abel Buguet, Société d'Éditions scientifiques, rue Antoine-Dubois, 4, Paris.*

LISTE MÉTHODIQUE

Elenco metodico. — Methodische Liste. — Methodic List. — Lista métódica

1. — ENCYCLOPÉDIES

Blanchère (De la). — Répertoire encyclopédique de photographie. (*Paris*, 1855.)
Buguet (Abel). — Dictionnaire de photographie. (Société d'Éditions scientifiques, *Paris*, 1892.)
Bussigues. — Répertoire encyclopédique de photographie. (*Paris*, 1865.)
Fabre (C.). — Traité encyclopédique de photographie. 4 vol. (Gauthier-Villars, *Paris*, 1889.) — 48 fr. — Supplément 1892, 10 fr.
Gioppi. — Dizionario fotografico. (Hœpli, *Milano*, 1892.) — 7 fr. 50.
Latreille (De). — Répertoire de photographie. 1 vol. (Roret, *Paris*, 1856.) — 3 fr. 50.
Martin (A.). — Repertorium der Photographie. (*Wien*, 1848.)
Monckhoven (Van). — Répertoire général de photographie. (Leiber, *Paris*, 1856.)
Schnauss. — Photographisches Lexicon. (Knapp, *Halle*, 1892.) 9 m.
Schnelling — Dictionnary of photography. (*London*, 1869.)
Schnelling, — Cyclopedia of photography.
Sutton (T.) and **Dawson** (G). — Dictionnary of photography. (*London*, 1867.)
Vogel. — Photographisches Wörterbuch. (Oppenheim, *Berlin*, 1870.)
Vogel. — Photographer's pocket reference. — Book and dictionnary. (Wilson, *Philadelfia*, 1873.)
Wall (E.-J.). — Dictionnary of photography. (Hazelle, *London*, 1890.)
Wilson. — Dictionnary of photography. (Wilson, *New-York*, 1890.)
Woodbury. — Encyclopedia of photography. (Iliffe, *London*, 1891.) — 7 sh. 6.

2. — TRAITÉS GÉNÉRAUX. — ALLGEMEINE ABHANDLUNGEN

Abney (Le capitaine). — Cours de photographie, traduit de l'anglais par Léonce ROMMELAERE. (Gauthier-Villars, *Paris*, 1877.) — 5 fr.

Barter. — Photography. (*London*, 1843.)

Belloc (A.). — Traité théorique et pratique de photographie. (Lieber, *Paris*, 1853.)

Belloc (G.). — La photographie. (Lieber, *Paris*, 1862.)

Bettini. — La fotografia moderna. (Giusti, *Livorno*, 1892.) — 10 fr.

Borlinetto. — Trattato generale di fotografia. (*Padova*, 1868.)

Davanne. — La photographie, 2 vol. (Gauthier-Villars, *Paris*, 1886-1887.) — 32 fr.

Delestre. — Traité de photographie. (*Paris*, 1850.)

Eder. — Ausführliches Handbuch der Photographie. (Knapp, *Halle*, 1884-92.) — 52 m. 20.

Gioppi. — La fotografia, compendio teoricopratico, 2ᵉ édition. (Hoepli, *Milano*, 1893.) — 1 fr. 15.

Giuliani. — Manuale completo di fotografia. (Muggiani, *Milano*, 1884.)

Hunt (Robert). — Photography. (1859.)

Hunt. — Treatise of photography.

Krüger. — Die Photographie. (*Vien*, 1877.)

Leborgne. — La photographie. (*Paris*, 1853.)

Lefèvre. — La photographie. (J.-B. Baillière, *Paris*, 1883.) — 3 fr. 50.

Le Gray. — Traité de photographie. (Lerebours et Secrétan, *Paris*, 1854.)

Lerebours. — Traité de photographie. (*Paris*, 1843.)

Liébert (photographe). — Nouveau traité complet de photographie pratique. (Tignol, *Paris*.) — 25 fr.

Liesegang. — Photographie. (1889.)

Marion. — Traité de photographie. (*Paris*, 1888.)

Monckhoven (Van). — Trattato generale di fotografia. (Antonini, *Milano*, 1868.)

Monckoven (van). — Traité général de photographie, 8ᵉ édition. (Gauthier-Villars, *Paris*, 1860-1889.) — 16 fr.

Pabst. — La photographie (Encyclopédie chimique de Frémy), 1 vol. (Dunod, *Paris*, 1889.) — 20 fr.

Parona. — Fotografia. (Enciclopedia d'arti e mestieri.) (Unione tipog., *Torino*, 1885.) — 3 fr.

Schiendel. — Die Photographie. (1880.)

Schnelling. — The History and practice of photography. (London, 1859.)
Sella. — Il plico del fotografo. (Paravia, *Torino*, 1863). — 7 fr.
Texier de la Sor. — Traité de photographie. (*Paris*, 1854.)
Vogel (H.). — Handbuch der Photographie. (Oppenheim, *Berlin*, 1891.) — 4 vol. — 16 m.
Wilson. — Photographics. (Wilson, *New-York*.) — 4.

3. — PETITS TRAITÉS. — PICCOLI TRATTATI. — KLEINE ABHANDLUNGEN

Abney and **Robinson**. — The Art and Practice of Silver Printing. (Piper and Carter, *London*, 1884.) — 2 sh. 6.
Adams (W.-J. Lincoln). — The Photographic Instructor. (*New-York*, 1890.)
Altishoffer. — Les procédés photographiques.
Ashmann. — Elementary lessons on Silver Printing. (Piper and Carter, 1890.) — 1 sh. 6.
Aubrée. — Traité pratique de photographie. (*Paris*, 1851.)
Auxerre. — Cours descriptif de photographie pratique.
Barreswil et **Davanne**. — Tratado pratico de fotografia. Trad. Ceraceda.
Belloc (A.). — Photographie rationnelle. (Leiber, *Paris*, 1862.)
Belloc (A.). — Les quatre branches de la photographie. (Lieber *Paris*, 1855.)
Bollmann (Fr.). — Die praktische Photographie unserer Zeit. (*Berlin*, 1862.)
Bordet. — Conférences photographiques faites à l'école des Ponts-et-chaussées. (1889.)
Burton (W.-K.). — Modern Photography. (Piper and Carter, *London*, 1876.) — 1 sh.
Burton (W. K.) et **Pringle** (A.). — Processes of pure photography. (Iliffe, *London*, 1890.) — 4 sc. 6.
Burton et **Ashmann.** — Elementary lessons on silver printing.
Dillaye. — La théorie, la pratique et l'art en photographie. (Librairie illustrée, *Paris*, 1891.) — 10 fr.
Fourtier. — La photographie et ses applications. (Bernard, *Paris*, 1891.)
Gaudin. — Traité pratique de photographie. (*Paris*, 1844.)

Geymet. — Traité pratique de photographie. (Gauthier-Villars, *Paris*, 1885.) — 4 fr.

Gioppi (Dottor Luigi). — Manuale pratico di fotografia. (Giusti, *Livorno*, 1887 ; Pellazzi, *Milano*, 1891.) — 1 fr.

Gossin. — La photographie. (Alcan, *Paris*, 1887.) — 0 fr. 60.

Hannot. — Eléments de photographie. (Gauthier-Villars, *Paris*, 1874.)

Hughes (Jabez). — The principles and practice of photography. (*London*, 1876.)

Joly. — La photographie pratique. (Gauthier-Villars, *Paris*, 1887.) — 1 fr. 50.

Lemling. — Der practische photograph. (*Braunsweig*, 1862.)

Locherer. — Praktischer Photographie. (*Monaco*, 1858.)

Londe. — La photographie moderne. (Masson, *Paris*, 1888.) — 10 fr.

Maimbressy (C. de). — La photographie. (Delarue, *Paris*, 1891.) — 2 fr.

Martens. — Traité élémentaire de photographie. (Gauthier-Villars, *Paris*, 1887.) — 1 fr. 50.

Muffone. — Come il sole dipinge. (Hoepli, *Milano*, 1892). — 2 fr.

Newton. — Photography in practice.

Niewenglowski (G.-H.). — Notions élémentaires de photographie. (Michelet, *Paris*, 1892.) — 1 fr.

Robert. — Photographie élémentaire. (*Paris*, 1859.)

Robinson. — Photography as a business. (Iliffe, *London*, 1891.) — 1 sh.

Robinson et Abney. — The art and practice of silver printing. (Piper and Carter, *London*, 1888.)

Roche. — Comment on fait les photographies.

Roche. — Como fazer photographias. (Trad. portug.)

Roche. — Wie photographische Bilder gemacht werden. (Trad. all.)

Roche. — La fotografia hecha facil. (Trad. espagn.)

Rossignol. — Manuel pratique de photographie. 2 vol. (Doin, *Paris*, 1889.)

Roux. — Procédés photographiques. (Gauthier-Villars, *Paris*, 1879.)

Schmid (J.-F.). — Das Photographiren. (Hartleben, *Wien*, 1889.)

Schnauss (Dr Jul.). — Der Lichtdruck und die Photolithographie. (Liesegang, *Düsseldorf.*) — 4 m.

Sella. — Guide théorique et pratique de photographie. Trad. VALICOURT. (Roret, *Paris*, 1864.) — 3 fr. 50.

Sparling. — Theory and practice of the photographic Art. (*London*, 1858.)
Werge. — Principles and practice of photography.

4. — MANUELS. — HANDBOOKS. — HANDBÜCHER

Abney. — Negative making. (Piper and Carter, *London*, 1890.)
Algeyer (J.). — Handbuch des Lichtdruck Verfahren.
Angerer. — Negativ und Positif Verfahren. (*Wien*, 1865.)
Auer. — Der phot. Appar. oder die verschied. Kunstfacher. (*Wien*, 1853.)
Baillet. — Photographie simplifiée. (Le Bailly, *Paris*, 1879.) — 1 fr.
Barreswill et Davanne. — Handbuch der Photographen. (*Leipzig*, 1854.)
Beginner's. — Guide to photography. (Iliffe, *London*.)
Belloc (A). — Catéchisme de l'opérateur photographe. (Lieber, *Paris*, 1857-60.)
Belloc (A.). — Compendium des quatre branches de la photographie. (Lieber, *Paris*, 1858.)
Belloc (A.). — Code de l'opérateur photographe. (Lieber, *Paris*, 1860.)
Belloc (A.). — Trésor de l'opérateur photographe. (Lieber, *Paris*, 1865.)
Bizzarri. — Manuale pratico di fotografia. (*Firenze*, 1865.)
Bothamley. — Manual of photography. (Ilford, *London*, 1891.)
Bride. — L'amateur photographe. (*Paris*, 1862.)
Brioschi. — Manuale pratico di fotografia. (*Milano*, 1868). — 4 fr.
Buguet (Abel). — Memento de photographie. (Société d'Éditions scientifiques, *Paris*, 1892.)
Burgess — Photographic manual. (*London*, 1865.)
Carey-Lea. — Manual of photography. (*London*, 1873.)
Carey-Lea. — Manuel de photographie. (Gauthier-Villars, *Paris*, 1877.)
Chapman (Jones). — An introduction to the science and practice of photography. (Iliffe, *London*, 1891.) — 2 sc. 6.
Chevalier (A.). — Guide de photographie. (*Paris*, 1854.)
David. — Anleitung zur Herstellung von Photographie. (Lechner, *Wien*, 1890.)

4. — MANUELS. — HANDBÜCHER

Derosne. — La photographie pour tous. (Gauthier-Villars, *Paris*, 1882.)

Diaz Pinez. - Manual pratico de fotografia. (*Madrid*.)

Edward. — Manuale pratico di fotografia. (Trevisini, *Milano*, 1889.)

Egasse. — Manuel de photographie au gélatino-bromure d'argent. (Doin, *Paris*, 1887.)

Ermann. — The photographic instructor. (Scovill, *New-York*.)

Fabre-Domergue (P.). — Guide du photographe. (Tignol, *Paris*, 1888.) — 3 fr.

Faller. — Manuel de photographie. (Faller, *Paris*, 1890.)

Fritz. — Die neue Photographie für Dilettanten. (*Berlin*, 1879.)

Gaudin. — Vademecum du photographe. (Michelet, *Paris*, 1861.)

Ghie et Bolton. — Photographic elementary, Guide Book. (*London*, 1886.)

Goerz (Paul). — Ausführliche Anleitung zur Herstellung von Photographien. (Oppenheim, *Berlin*, 1889). — 2,50 m.

Haenlein (A.). — Die Amateur Photographie. (*Frankfurt*, 1891.)

Harrison (W.-Jérôme). — Photography for all. (Iliffe, *London*, 1889.) — 1 sh.

Hart Ludovico Woolfgang. — Photography simplified.

Heinlein. — Photographicon. (*Leipzig*, 1864.)

Hepworth. — How to photography.

Hepworth. — Manual of photography. (*London*, 1886.)

Hogg (J.-A.). — Practical manual of photography. (*London*, 1853.)

Hunt. — Manual of photography. (*London*, 1857.)

Hutinet. — La photographie simplifiée. (Michelet, *Paris*, 1885.) — 2 fr.

Klary. — Guide de l'amateur photographe. (Flammarion, *Paris*, 1889.)

Klary. — Manuel de photographie. (Flammarion, *Paris*, 1892.) — 0,75.

Kleffel. — Kurze Anleitung zur Erlernung des Photographie für Dilettanten. (Kleffel, *Berlin*, 1890.)

Kleffel. — Manuel de photographie. (*Paris*, 1861.)

Kreidel. — Kurze und practische Anleitung zur Photographie für Dilettanten und Amateure. (Kreidel, *Prag*, 1890.)

Krüger. — Vade-mecum der practischen Photographen. (*Leipzig*, 1858.)

Krüger. — Handbuch der Photographie der Neuzeit. (Hartleben, *Wien*, 1878.) — fl. 2,20.

4. — MANUELS. — HANDBOOKS

Krüger. — Die Photographie oder die Anfertigung von bildlichen Darstellungen auf künstlichem Wege. (Hartleben, *Wien*, 1880.) — 4 fl.

Lanquest. — Traité pratique et élémentaire de photographie. (Michelet, *Paris*, 1891.) — 1 fr.

Lanquest. — Traité de photographie. (Photographie vulgarisatrice, *Paris*, 1892.) — 2 fr.

Latreille. — Nouveau manuel de photographie. (Roret, *Paris*, 1856.)

Le Plongeon (A.). — Manual de fotografia. Manuel pour photographes espagnols. (Scovill, *New-York*.) — 1 fr.

Liesegang. — Manuale di fotografia. Trad. MASCAZZINI. (*Torino*, 1864.)

Liesegang. — Der Silberdruck. (1885.)

Liesegang. — Handbuch der photographischen Verfahren mit Silberverbindungen.

Liesegang. — Anleitung zum Photographiren.

Liesegang (Dr Paul-E.). — Handbuch des practischen Photographen. (Liesegang, *Düsseldorf*, 1890.) — 15 m.

Linn. — Lookout landscape photography practical manual. (Wilson, (*Philadelfia*, 1872.)

Marion. — Practical guide of photography. (*London*, 1890.)

Martin. (A.). — Handbuch der Photographen. (Voigt, *Weimar*, 1857.)

Marx. — Petit guide de photographie. (Photographie vulgarisatrice, *Paris*, 1892.) — 0,40.

Mason. — Photographic Guide. (Mason, *Glascow*, 1888.)

Mansion. — Guide des photographes et des amateurs. (*Paris*, 1864.)

Mawson. — Photography simplified.

Mendel (Charles). — Traité pratique de photographie. (Mendel, *Paris*, 1890) — 1 fr.

Mendoza. — La photographie débarrassée de ses difficultés. (*Paris*, 1890.)

Murer e Duroni. — Manuale pratico di fotografia. (*Milano*, 1888.)

Panajou. — Manuel du photographe amateur. (Gauthier-Villars, *Paris*, 1891.) — 2 fr. 50.

Pierre Petit (fils). — Manuel pratique de photographie. (Gauthier-Villars, *Paris*, 1883.) — 1 fr. 50.

Pizzighelli. — Die Anwendung der Photographie für Amateure.

Pizzighelli. — Handbuch der Photographie fur Amateure und Touristen. (Knapp, *Halle*, 1891-1892.) — 12 m.

Remelé. — Handbuch der Photographie. (Oppenheim, *Berlin*, 1880.)

4. — MANUELS. — HANDBÜCHER

Robiquet. — Manuel de photographie. (*Paris*, 1851.)

Robiquet. — Manuel théorique et pratique de photographie. (*Paris*, 1862.)

Rouch. — Photographer's Handbook.

Santoponte. — Manuale di fotografia. (Giusti, *Livorno*, 1892.) — 2 fr.

Schippang. — Anleitung zum Photographiren mit Trockenplatten. (*Berlin*, 1887.)

Schmidt. — Die Buchführung der Photographen. (1842.)

Schmidt. — Compendium in der practischen Photographie. (Nemnich, *Karlsruhe*, 1891.)

Schnauss (J.). — Katekismus der Photographie.

Schrank (L.). — Rathgeber der praktischen Photographen. (*Wien*, 1875.)

Soleil. — Guide de l'amateur photographe. (*Paris*, 1840.)

Sresniewski (Wiatcheslaus). — Manuel de photographie (en russe). (*Saint-Pétersbourg*, 1887.)

Sternberg. — Vademecum der Photographen. (*Berlin*, 1864.)

Sternberg (C.). — Kurze Anleit. zur Photographie. (*Berlin*, 1863.)

Sturmey. — The photographer's indispensable handbook. (Sturmey, *London*, 1888.)

Talbot (Robert). — Die Amateur Photographie. (Talbot, *Berlin*, 1891.)

Taylor (J. Traill). — The photographic amateur. (Scovill, *New-York*, 1889.)

Thornthweite. — A guide to photography. (*London*, 1857.)

Touche (De). — Guide de photographie. (Photographie vulgarisatrice, *Paris*, 1892.) — 1 fr. 25.

Touche (De). — Traité de photographie. (Photographie vulgarisatrice, *Paris*, 1892.) — 0,75.

Valicourt (De). — Manuel complet de photographie. (Roret, *Paris*, 1857.)

Vidal. — Manuale del dilettante di fotografia. Trad. Gioppi. (*Livorno*, 1886.)

Vieuille. — Nouveau guide pratique du photographe amateur. (Gauthier-Villars, *Paris*, 1889.) — 2 fr. 75.

Vogel (H.-W.). — Taschenbuch der Photographie. (Oppenheim *Berlin*, 1891.) — 3 m.

Wallace (E.). — Amateur photographer. (*Philadelphia*, 1890.)

Welford (Walter D.). — The photographers indispensable Handbook. (Iliffe, *London*, 1889.) — 2 sh. 6.

Wood. — A photography and how to take it.

Zschetzschingck (Erich). — Die Photographie für Liebhaber. Knapp, *Hall*, 1888.) — 3 m.
* **Nuovo manuale completo di fotografia.** (*Milano*, 1864.)
* **Manuale di fotografia.** (*Livorno*, 1866.)
* **The amateur photographer first handbook.** (Iliffe, *London*.) — 6 d.
* **The practical photographic manual.**

5. — PHOTOGRAPHIE DES DÉBUTANTS. — FOTOGRAFIA PER I PRINCIPIANTI. — PHOTOGRAPHIE FUR ANFÄNGERN. — PHOTOGRAPHY FOR BEGINNERS.

Abney. — Photographic primers. (Piper and Carter, *London*.) — 1 sh.

Abney. — Instruction in Photography. (Piper and Carter, *London*, 1890.)

Beleurgey de Raymond. — Traité élémentaire de photographie à l'usage des débutants. (*Paris*, 1891.) — 1 fr.

Beleurgey de Raymond. — Trattato elementare di fotografia. Trad. Dupin. (Trevisini, *Milano*, 1889.) — 1 fr.

Beleurgey de Raymond. — Manual de fotografia. Trad. espagn. (*Madrid*, 1891.) — 1 pes.

Blanchère (de la). — La photographie des commençants. (Lieber, *Paris*, 1861.)

Buguet (Abel). — La photographie de l'amateur débutant. 3ᵉ édition, (*Société d'Editions scientifiques, Paris*, 1892.) — 1 fr. 25.

Burton (W.-K). — ABC of Photography. (Piper and Carter, *London*, 1885.)

Burton (W.-K.). — ABC de la photographie moderne. Traduit de l'anglais par G. Hubesson. (Gauthier-Villars, *Paris*, 1889). — 2 fr. 25.

Burton (W.-K.). — ABC der modernen Photographie. Trad. Schnauss. (Liesegang, *Düsseldorf*, 1891.) — 1 m. 50.

Castellani — Consigli pratici ai principianti fotografi. (Pettazzi, *Milano*, 1882)

Chevalier (A.). — L'étudiant photographe. (*Paris*, 1867.)

Chevalier (C.). — L'étudiant photographe. (Hetzel, *Paris*, 1889.)

David — Rathgeber für Anfänger in Photographiren. (Knapp, *Halle*, 1890.)

Dumoulin. — La photographie sans maître. (Gauthier-Villars, *Paris*, 1890.) — 1 fr. 75.

Hockin (J.-B.). — A short Sketch adapted for the Tyro in Photography. (1853.)

Janssen. — Systematische zur schnellen und gründlichen Selbsterlchruung der Negativen und Positiven. (*Leipzig*, 1878.)

Janssen. — Photographic Primers. Negative Making. (*London*.)

Chapman (Jones). — An introduction to the science and practice of Photography. (Iliffe, *London*, 1891.) — 2 sh. 6.

Kleffel. — Handbuch der practischen Photographie zum Selbstunterricht. (1880.)

Leaper. — The first principles of photography. (Iliffe, *London*.)

Malot et Lefèbre. — La photographie pour tous.

Perrot de Chaumeux. — Premières leçons de photographie. (Gauthier-Villars, *Paris*, 1882.) — 1 fr. 50.

Pizzighelli (G.). — Anleitung zur Photographie für Anfänger. (Knapp, *Hall*, 1890.) — 3 m.

Randal-Spaulding. — First lessons in amateur photography. (Scovill, *New-York*, 1890.)

Robertson. — La photographie à la portée de tout le monde.

Roche. — How to make Photographs. (*New-York*, 1887.)

Stanley. — Photography made easy.

Vidal. — La photographie des débutants. (Gauthier-Villars, *Paris*, 1890.) — 2 fr. 75.

Wyles. — Instruction for Beginners.

* **La photographie**. — (Boulanger, *Paris*, 1892.) — 0 fr. 10.

* **La fotografia e sue applicazioni**. — (Sonzogno, *Milano*, 1892.) — 0 fr. 15.

6. — PHOTOGRAPHIE EN VOYAGE. — FOTOGRAFIA IN VIAGGIO. — PHOTOGRAPHIE FÜR TOURISTEN. — PHOTOGRAPHY FOR TOURIST.

Burger. — Die Photographie in heissen Länder auf Reisen zu Pferd, Maulthier oder Kameel. (Knapp, *Halle*, 1882.) — 60 pf.

Fritsch. — Anleitung zu wissenschaftlichen Beobachtungen auf Reisen. (Oppenheim, *Berlin*, 1888.)

O' Madden (le chevalier). — Le photographe en voyage. (Gauthier-Villars, *Paris*, 1890.) — 1 fr.

Pizzighelli. — Anleitung zu Photographie für Amateure und Touristen. (Knapp, *Halle*, 1892.)

R/.hard. — Praktische Winke für eine Reise-Ansrüstung nach Afrika.

Vidal. — Manuel du touriste photographe. 2 vol. (Gauthier-Villars, *Paris*, 1889.) — 10 fr.

7. — FORMULAIRES

Audoin. — Notes photographiques. (*Paris*, 1885.)

Bertrand. — Recueil de formules pour la photographie sur le collodion sec et humide. (*Paris*, 1862.)

Buehler. — Photographische Memorial. (Voigt, *Weimar*, 1872.)

Buguet (Abel). — Recettes photographiques. 1re série (1891). — 2 fr. — 2e série (1892). — 2 fr. — (*Société d'Éditions scientifiques, Paris.*)

Buguet (Abel). — Formules photographiques. (*Société d'Éditions scientifiques, Paris*, 1892.) — 2 fr. 50.

Cadby-Ponting. — Difficoltà fotografiche. Trad. Bizzarri. (*Firenze*, 1868.)

Cadby-Ponting. — Photographische Schwierigkeiten und die Kunstsie zu überwinden. Trad. Grimmen. (Voigt, *Weimar*.)

Chevalier (C.). — Le physicien préparateur. (Roret, *Paris*, 1849.)

Conti. — Ricettario del fotografo. (*Milano*, 1875.) — 3 fr.

Cordeaux-Thompson. — Handy photographic formulæ. (Bellerby, *Selby*, 1892.)

Cordier. — Les insuccès en photographie. (Gauthier-Villars, *Paris*, 1888.) — 1 fr. 75.

Cordier. — Encyclopédie des virages. (Gauthier-Villars, *Paris*, 1874.)

David (L.) und Scolik (Ch.). — Taschen-Notizbuch für Amateur-Photographen. (Knapp, *Halle*, 1890.) — 4 m.

Divine. — Photographic manipulations. (*London*.)

Eder (J.-M.). — Recepte und Tabellen für die Photographie und Reproductionstechnik. (Knapp, *Halle*, 1892.) — 2 m.

Fabre (C.). — Aide-mémoire de Photographie. (Gauthier-Villars, *Paris*.) — 2 fr. 25.

Fourtier, Bourgeois et Bucquet. — Le formulaire classeur du Photo-Club de Paris. (Gauthier-Villars, *Paris*, 1892.) — 4 fr.

Forestier. — Agenda de l'amateur photographe. 1 vol. (*Société générale d'éditions, Paris*, 1890.) — 1 fr. 50.

Gaudin. — Vademecum de photographie. (*Paris*, 1855.)

7. — FORMULAIRES

Godard. — Encyclopédie des virages. (*Paris*, 1871.)

Grice. — Pracktische Erfahrungen auf den Gebiete der Photographie. (*Aachen*, 1857.)

Hanau (E.). — Vade-mecum de l'amateur photographe. (Michelet, *Paris*, 1092.) — 1 fr.

Haugk. — Repertorium der practischen Photographie. (1880.)

Holmes (W.-D.). — The photographers book of practical formulæ. (Scovill, *New-York*, 1889.) — 75 c.

Huberson. — Formulaire pratique de la photographie aux sels d'argent. (Gauthier-Villars, *Paris*, 1878.) — 1 fr. 50.

Jacob. — Carnet du photographe amateur. (Michelet, *Paris*, 1888.)

Jouan. — Formulaire photographique. (Mendel, *Paris*, 1891.) — 1 fr.

Kunisch und Mamelok. — Receptbuch der schlesischen Gesellschaft von Freunden der Photographie. (*Breslau*, 1890.)

Lanquest. — Renseignements divers aux amateurs photographes. (Michelet, *Paris*, 1891.) — 2 fr.

Leaper (C.-J.). — Materia photographica. (Iliffe, *London*, 1891.) — 5 sh.

Leaper (C.-J.). — Experimental photography. (Hazell, *London*, 1886.)

Phipson. — Le préparateur photographe. (Leiber, *Paris*, 1864.)

Price (!.cke). — Manual of photographic Manipulations. (Churchill, *London*, 1868.)

Rogers (W. Ingles). — One hundred photographic formulae. (Hazell, *London*, 1891.)

Schaeffner (Ant.). — Notes photographiques. (Gauthier-Villars, *Paris*, 1888) — 1 fr. 75.

Schnauss (Dr Julius). — Rezept-Taschenbuch für den Photographen. (Knapp, *Halle*, 1882-1883.) — 4 m. 20.

Sutton. — Photographic notes. (*London*, 1859.)

Tranchat (C.). — La science pratique appliquée aux arts industriels. (Mendel, *Paris*, 1892.) — 1 fr.

Veynes. — Agenda de l'amateur photographe. 1 vol. (Michelet, *Paris*, 1886.) — 2 fr.

Vidal. — Agenda photographique. (Gauthier-Villars, *Paris*, 1877.)

Vogel (E.). — Praktisches Taschenbuch der Photographie. (Oppenheim, *Berlin*, 1891.)

Agenda de l'association belge de photographie. (*Bruxelles*.)

8. — HISTOIRE. — GESCHICHTE. — STORIA

Abney. — Recents advances in photography. (Piper and Carter, *London*, 1890.) — 6 d.

Alophe. — Le passé, le présent et l'avenir de la photographie. (*Paris*, 1861.)

Blanquart-Evrard. — La photographie, ses origines, ses progrès. (*Paris*, 1865.) (*Lille*, 1870.)

Borlinetto. — Cenni storici sulla fotografia. (*Padova*, 1867.)

Buguet (Abel). — L'année photographique. 1 vol. (Société d'Éditions scientifiques, *Paris*, 1892.) — 4 fr.

Cull. — Notizie biografiche di Fox Talbot. (Harrison, *London*, 1879.)

Davanne. — La photographie; ses origines et ses applications. (Gauthier-Villars, *Paris*, 1879.) — 1 fr. 25.

Davanne. — Nicéphore Niepce. (Gauthier-Villars, *Paris*, 1885.) — 1 fr. 25.

Davanne. — Les progrès de la photographie. (Gauthier-Villars, *Paris*, 1877.) — 6 fr. 50.

Davanne. — Notice sur la vie et les travaux de Poitevin. (Gauthier-Villars, *Paris*, 1882.) — 0 fr. 75.

Ernouf. — Les inventeurs du gaz et de la photographie. (Hachette, *Paris*, 1877.)

Figuier. — Exposition et histoire des principales découvertes. (*Paris*, 1852.)

Figuier. — La photographie. Merveilles de la Science. (*Paris*, 1869.)

Fouque. — La vérité sur l'invention de la photographie. (*Paris*, 1867.)

Harrison (W.-J.). — A History of photography. (Iliffe, *London*.) — 1 sh.

Ken. — Dissertations historiques sur la photographie. (*Paris*, 1864.)

Konewka (P.). — Tisch-karte zur Feier des ersten Stifsungsfestes des Photograph. Vereins zu Berlin an Daguerre's Geburtstag.

Kreutzer (K.-J.). — Jahresbericht ueber die Fortschritte und Leistungen im Gebiete der Photographie und Stereoscopie. (*Wien*, 1855-58.)

Lemling (J.). — Die Photographie; Fortschritte der neusten Zeit. (*Neuwi*, 1869.)

Lemling. — Die neuesten Entdeckungen und Erfahrungen auf dem Gesamtgebiete der praktischer Photographie. (*Liepzig*, 1866.)

Lemling (J.). — Neue Resultate und Consequenzen für die Praxis den Photographie. (*Neuwied*, 1866.)

Mentienne. — La découverte de la photographie. (Dupont, *Paris*, 1892).

Niepce (I.). — Histoire du daguerréotype. (Astier, *Paris*, 1841).

Rayet (G). — Notes sur l'histoire de la photographie astronomique. 1 vol. (Gauthier-Villars, *Paris*, 1887.) — 2 fr.

Roth (K. de). — Neueste Fortschritte und Erfahrungen auf dem Gesammtgebiete der Photographie. (Knapp, *Halle*, 1868.) — 1 m. 50.

Scherer. — Die neuesten graphische Verfahren. (Schnauss, *Wien*, 1885.)

Schiendl (C.). — Geschichte der Photographie. (Hartleben, *Wien*, 1891.)

Tissandier (G.). — Les merveilles de la photographie. (Hachette, *Paris*, 1878.)

Tissandier (G.). — History and handbook of photography. (J. Thomson, *London*, 1878.)

Tisserand (L). — Le livre pour tous. — Causerie sur la photographie. (Boulanger, *Paris*, 1891.)

Vogel (H.). — Fortschritte der Photographie seit dem Jahre 1879.

Vogel. — Progres of photography. (Wilson, *New-York*, 1890.)

Werge (John) — The evolution of photography. (Piper and Carter, *London*.) — 5 sh.

Wilson's. — Quarter century in photography. (Wilson, *New-York*, 1890.)

Wilson (Edw.-L.). — Photographic mosaïcs. (Wilson, *New-York*, 1891.) — 50 cent.

* **History and handbook of photography**. — (Scovill, *New-York*.) — 6 d.

9. — OPTIQUE

Abney. — Colour measurement and mixture. (*London*, 1891.)

Ayri. — Theory of light. (*London*, 1826.)

Bancroft. — Philosophy of permanent colours. (*London*, 1813.)

Beck. — The principles of a photographic Lens. (*London*, 1891.)

Becquerel (Ed.). — La lumière, ses causes, ses effets. (Didot, *Paris*, 1867-68.)

9. — OPTIQUE

Billet. Traité d'optique physique. (Mallet-Bachelier, *Paris*, 1858.)

Billotti. — Teoria degli istrumenti ottici. (Hoepli, *Milano*, 1883.) — fr. 15.

Burton (W.-K.). — Optics for photographers. (Piper and Carter, *London*.) — 1 sh.

Buguet (Abel). — La Physique photographique. (*Photométrie graphique.*) (Gauthier-Villars, *Paris*, 1892.)

Cazin. — La spectroscopie. (Gauthier-Villars, *Paris*.)

Charpentier. — La lumière et les couleurs. (J.-B. Baillière, *Paris*, 1888.) — 3 fr. 50.

Chevreul. — Considérations sur la reproduction des images, par les procédés de Niepce. (*Paris*, 1847.)

Claudet. — Recherches sur la différence entre les foyers visuels et photogéniques. (*Paris*, 1851.)

Claudet. — Recherches sur la théorie des principaux phénomènes de photographie. (*Paris*, 1850.)

Coddington. — Treatise on optics. (*Cambridge*, 1829.)

Colson (R.). — La photographie sans objectif. (Gauthier-Villars, *Paris*, 1891.) -- 1 fr. 75.

Croullebois. — Théorie des lentilles épaisses. (Gauthier-Villars, *Paris*, 1882.)

Crova. — Mesure de l'intensité des radiations solaires. (Gauthier-Villars, *Paris*, 1866.)

Czapski. — Théorie des instruments d'optique. (Tervendt, *Breslau*, 1891.)

Dallmeyer. — On the choice and use of photographic lenses. (*London*, 1883.)

Dallmeyer (J.-H.). — Du choix et de l'emploi des objectifs photographiques. (Puech, *Paris*.)

Draper (H.). — On the construction of a silvered glass telescope. (*Washington*, 1864.)

Ferraris. — Le proprietà cardinali degli strumenti diottrici. (Loescher, *Torino*, 1877.) — 6 fr.

Gariel. — Etudes d'optique géométrique. (Nony, *Paris*, 1882.) — 5 fr.

Giraud-Teulon. — Principes de mécanique animale.

Glazenbook. — Optic physical. (*London*, 1885.)

Gotz. — Conjugate foci. (*London*, 1881.)

Guébard. - L'auréole photographique. (Soc. de publ. périod., *Paris*, 1890.)

Haschek. — Photographische Optik. (Knapp, *Halle*, 1891.) — 2 m. 40.

9. — OPTIQUE

Helmholz. — Optique physiologique, trad. Javal. (*Paris.*)
Herschell. — Traité d'optique, traduit de l'anglais par Quételet
Huggins. — The Solar-Corona. (*London*, 1885).
Hunt (Robert). — Researches of Light. (*London*, 1844.)
Jadanza. — Teoria dei cannochiali secondo il metodo di Gauss. (Loescher, *Torino*, 1885.) — 5 fr.
Janssen. — La photométrie photographique. (May, *Paris*, 1892.)
Kästner. — Vollständiger Lehrbegriff der Optik. (*Altenberg*, 1855.)
Konkoly (N. van). — Handbuch für Spectroscopiker im Cabinet und am Fernrohr. (Knapp, *Halle*, 1890.) — 18 m.
Krone. — Von der Werwendung des Lichts. (*Dresden*.)
Lainer. — Vorträge ueber photographische Optik. (Spielhagen, *Wien*, 1890.)
Leaper. — Construction and use of photographic Lenses. (*London*, 1878.)
Legros. — Le soleil de la photographie. (*Paris*, 1850.)
Lemling. — Der Freund des photographer oder die Fortschritte der photographischen Optik. (*Leipzig*, 1875.)
Lister. — On some propertie in a chromatic object glasses. (*London*, 1830.)
Lommel (Dr E.). — Optics and Light. (1885.)
Marcy. — The scioptikon manual. (*Philadelphie*, 1882.)
Marion. — Optique. (Hachette, *Paris*, 1874.)
Moëssard. — Etude des lentilles et des objectifs photographiques. (Gauthier-Villars, *Paris*, 1889.) — 2 fr.
Monckhoven (van). — Photographic optic.
Monckhoven (van). — Photographische Optik. (*Wien*, 1866.)
Monckhoven (van). — Traité d'optique photographique. (Marson, *Paris*, 1866.)
Neumann. — Die Haupt und Brennpunkte eines Linsesystem. (1866.)
Niewenglowski (G.-H.). — Optique photographique (Société d'Editions scientifiques, *Paris*, 1892.) — 2 fr.
Niewenglowksi (G.-H.). — L'objectif photographique, fabrication, essai, emploi. (Société d'Éditions scientifiques, *Paris*, 1892.) — 2 fr.
Palaz. — Photométrie industrielle. (Carré, *Paris*, 1892.)
Pellat. — Optique géométrique. (Dupont, *Paris*, 1886.)
Petzwal. — Berichte uber die Ergebnisse einiger dioptrischer Untersuchungen. (*Wien*, 1843.)

Porro. — Sur le perfectionnement pratique des appareils d'optique. (Mallet-Bachelier, *Paris*, 1858.)

Pretchl. — Practische Dioptrik. (*Wien*, 1828.)

Radau (R.). — La lumière et les climats. (Gauthier-Villars, *Paris*, 1877.) — 1 fr. 75.

Ray Woods. — The spectroscop and its relation to photography. (1885.)

Roller. — Technik der Radirung. (Hartleben. *Wien*, 1888.)

Rood. — Théorie scientifique des couleurs. (Alcan, *Paris*.)

Rosenthiel. — Les premiers éléments de la science des couleurs. (Deshayes, *Rouen*, 1884.)

Salet. — Traité élémentaire de spectroscopie. (Masson, *Paris*, 1888.)

Schrœder (Dr Hugo). — Die Elemente der photographischen Optik. (Oppenheim, *Berlin*, 1891.) — 7 m. 50.

Secrétan. — De la distance focale des systèmes convergents. (*Paris*, 1855.)

Soret. — Optique photographique. (Gauthier-Villars, *Paris*, 1890.) — 3 fr.

Taylor (L.). — The optic of photography and photographic lenses. (*London*, 1892.) — 3 sh. 6.

Testelin. — Théorie sur la formation des images photographiques.

Towler. — El rayo solar. (Trad. espagn., *Madrid*, 1865.)

Tyndall. — La lumière. (Gauthier-Villars, *Paris*, 1875.)

Verdet. — Leçons d'optique physique. (Masson, *Paris*.)

Violle. — Optique géométrique (Masson, *Paris*, 1891.)

Violle. — Note sur les expériences effectuées pour la détermination de l'étalon absolu de lumière (Gauthier-Villars, *Paris*, 1884.)

Vogel und **Lohse.** — Ueber der Photographie der weniger brechbaren Theile der Sonnenspectrum.

Vogel (H.). — Praktische Spectralanalyse irdischer Stoffe. (Oppenheim, *Berlin*.)

Wallon. — Traité élémentaire de l'objectif photographique. (Gauthier-Villars, *Paris*, 1891.) — 7 fr. 50.

Wood (C.-Ray). — The spectroscope and its relation to photography. (1885.)

Zinken. — Untersuchungen uber die Dioptrik der Linsesysteme. (1870.)

10. — CHIMIE

Barreswil et Davanne. — Chimie photographique. (*Paris*, 1864.)

Barreswil et Davanne. — Handbuch der praktische Photographic Chemie. (*Leipzig*, 1863.)

Barreswil et Davanne. — Auwendung der Chemie auf die Photographie. (*Weimar*, 1854.)

Borlinetto. — Studi differenziali fra i cloruri e i bromuri d'argento. (*Padova*, 1869.)

Chapmann (Jones). — Practical organic chemistry.

Chastaing (P.). — Etude sur la part de la lumière dans les actions chimiques et en particulier dans les oxydations. (Thèse.) (Gauthier-Villars, *Paris*, 1877.)

Dammer. — Kurzes chemisches Handwörterbuch. (Oppenheim, *Berlin*, 1876.)

Eder (J.-M.). — Ueber die Reaktionen der Chromsäure und des Chromate auf Gelatine. (Knapp, *Halle*, 1878.) — 4 m.

Eder (J.-M.). — Uber die chemischen Wirkungen des farbige Lichtes. (Knapp, *Halle*, 1879.) — 1 m. 80.

Eder. — The chemical effect of the spectrum. (Wilson, *New-York*, 1888.)

Eder. — Des actions chimiques de la lumière colorée. (*Gand*, 1881.)

Fischer. — Photogenic manipulations. (*London*, 1843.)

Fourtier. — Dictionnaire pratique de chimie photographique. (Gauthier-Villars, *Paris*, 1892.) — 8 fr.

Ganichot. — Traité pratique de chimie photographique. (Mendel, *Paris*, 1892.) — 1 fr.

Hardwich. — A Manual of photographic chemistry. (*London*, 1856.)

Hardwich. — Photographic chemistry. (*London*, 1859.)

Hardwich. — Manual der photographischen Chemie. (*Berlin*, 1873.)

Kuhne. — Zur Photochemie der Netzhaut.

La Baume-Pluvinel (A. de). — La formation des images photographiques. (Gauthier-Villars, *Paris*, 1891.) — 2 fr. 75.

Lainer (Alexander). — Lehrbuch der photographischen Chemie und Photo-Chemie (anorganische). (Knapp, *Halle*, 1889.) — 6 m.

Leaper. — Synoptical tables of inorganic and organic chemistry. (Hille, *London*, 1887.)

Lemling (Joseph). — Der Photochemiker und die Hausindustrie. (Knapp, *Halle*, 1887-88.) — 5 m. 40.

Marchand. — Etude sur la force chimique de la lumière du soleil. (*Paris*, 1875.)

Mathet. — Leçons élémentaires de chimie photographique. (*Paris*, 1890.) — 5 fr.

Maumené. — Manuel de chimie photographique. (Société d'Éditions scientifiques, *Paris*, 1892.) — 5 fr.

Meldola (prof. Raphaël). — The chemistry of photography. (*London*, 1889.) — 2 fr.

Péligot (Maurice). — Traitement des résidus photographiques. (Gauthier-Villars, *Paris*, 1891.)

Radau. — Les radiations chimiques du soleil. (Gauthier-Villars, *Paris*, 1877.) — 1 fr. 50.

Sella — Polimetria chimica. (Fontana, *Torino*, 1851.)

Spiller. — Traité élémentaire de chimie photographique. (Gauthier-Villars, *Paris*, 1883.)

Spiller. — Elementary treatise of photochemistry. (Piper and Carter, *London*, 1880.)

Suckow. — Chemische Wirkungen des Lichtes. (1832.)

Taylor. — A manual of photographic chemistry. (*London*, 1883.)

Vogel. — La photographie et la chimie de la lumière. (Alcan, *Paris*, 1877.)

Vogel. — La fotografia e. gli effetti chimici della luce. (Dumolard, *Milano*, 1876.) — 6 fr.

Vogel. — Die chemischen Wirkungen des Lichtes. (*Leipzig*, 1874.)

11. — ESTHÉTIQUE

Anderson (Elbert). — The Skylight and the dark room. (1872.)

Arnold. — Uber Aehmlichkeit in der Porträt-Photographie. (*Weimar*, 1889.)

Baden-Pritchard (H.). — Les ateliers photographiques de l'Europe, traduit de l'anglais par Charles BAYE. 2 vol. (Gauthier-Villars, *Paris*, 1885.) — 5 fr.

Baden-Pritchard (H.). — The photographic Studios of Europe. (Piper and Carter, *London*, 1884.)

Baden-Pritchard (H.). — About photography and photographers (Piper and Carter, *London*, 1890.)

Baden-Pritchard (H.). — Ein Wanderung durch die photographischen Ateliers von Europa. (Liesegang, *Düsseldorf*, 1885.) — 3 m.

Bigelow. — Artistic photography. (Wilson, *New-York*, 1876.)

11. — ESTHÉTIQUE

Bigelow. — Album für Beleuchtung und Stellung.
Bingham. — Instruction in the art of photography. (1855.)
Blanchère (De la). — L'art du photographe. (Lieber, *Paris*, 1862.)
Blanquart-Evrard. — Intervention de l'art dans la photographie (Lieber, *Paris*, 1864.)
Burnet (John). — Essays on Art. (Wilson, *New-York*, 1889.)
Burton and **Heigway**. — Practical portrait-photography.
Burton and **Heigway**. — Estetic of photography.
Burton and **Heigway**. — Photographic printer's assistant.
Disdéri. — Renseignements photographiques. (*Paris*, 1856.)
Disdéri. — L'art de la photographie. (Lieber, *Paris*, 1862.)
Disdéri. — Die Photographie als bildende Kunst. (*Berlin*, 1864.)
Duchochois. — The lighting in photographic studios. (Scovill, *New-York*, 1889.) — 1 sh. 6.
Duchochois. — L'éclairage dans les ateliers de photographie, traduit par C. KLARY. (Société d'Éditions scientifiques, *Paris*, 1892.) — 3 fr.
Emerson. — Naturalistic photography for students of the Art. (Sampson Low, *London*, 1890.)
Estabrooke. — Photography in the studio an in the field. (*New-York*, 1888.)
Falke-Eder. — Amateur Kunst. (*Wien*, 1892.)
Fleury-Hermagis. — L'atelier de l'amateur. (Rougier, *Paris*, 1890.) — 1 fr. 50.
Goupil. — Traité du paysage. (Le Bailly, *Paris*, 1879.)
Halleur (D.). — Kunst der Photographie. (*Leipzig*, 1853.)
Hearn. — Studies in artistic printing. (*Philadelphia*, 1874-78.)
Heighway (W.). — Esthetics of photography. (Piper and Carter, *London*, 1878.). — 1 sh.
Heighway. — Practical portrait-photography. (Piper and Carter, *London*, 1890.). — 1 sh.
Heighway. — Praktische Porträt-Photographie. Trad. SCHNAUSS. (Quandt und Händel, *Leipzig*, 1877.)
Janssen. — Systematische Anleitung zur schnellen und gründlichen Selbsterlernung der Negativen und Positiven, Porträt-Retouche auf Grundlage der Anatomie und Esthetik. (*Leipzig*, 1878.)
Jouin. — Esthétique du sculpteur. (Laurens, *Paris*, 1889.)
Kemble. — Art recreations. (*London*.)
Klary. — L'éclairage des portraits photographiques. (Gauthier-Villars, *Paris*, 1887.) — 1 fr. 75.
Klary. — Le photographe portraitiste. (Société d'Éditions scientifiques. *Paris*, 1892.) — 5 fr.

11. — ESTHÉTIQUE

Lacan. — Esquisses photographiques. (*Paris*, 1856.)

Liébert. — La photographie en Amérique. (Tignol, *Paris*, 1876.)

Marey et **Demémy.** — L'homme en mouvement. Etude de physiologie artistique. (Sociétés d'Éditions scientifiques, *Paris*, 1892.)

Mayer et **Pierson.** — La photographie considérée comme art. (Hachette, *Paris*, 1862.)

Mills (F.W.). — The art and practice of interior photography. (Iliffe, *London*, 1890.) — 2 sh. 6.

Mills (F.-W.). — Photography for architects. (Iliffe, *London*, 1892.) — 2 sh. 6.

Otté. — Landscape photography. (*London*, 1859.)

Pélegry. — La photographie des peintres, des voyageurs et des touristes. (Gauthier-Villars, *Paris*, 1885.) — 1 fr. 75.

Pierre Petit (fils). — La photographie artistique. (Gauthier-Villars, *Paris*, 1883.) — 1 fr. 25.

Remelé. — Kurzes Handbuch des Landschafts-Photographie. (Oppenheim, *Berlin*, 1885.)

Remelé. — Landschafts Photographie. (Oppenheim, *Berlin*, 1884.) — 3 m.

Robert (Karl). — La photographie aide du paysagiste. (Laurens, *Paris*, 1890.) — 6 fr.

Robinson (H.-P.). — L'atelier du photographe, traduit de l'anglais par Hector Colard. (Gauthier-Villars, *Paris*, 1888.) — 3 fr. 50.

Robinson (H.-P.). — La photographie en plein air, traduit de l'anglais par Hector Colard. 2 vol. (Gauthier-Villars, *Paris*, 1889.) — 5 fr.

Robinson. — De l'effet artistique en Photographie. (Gauthier-Villars, *Paris*, 1885.) — 3 fr. 50.

Robinson. — Der mahlerische Effect in der Photographie. Trad. Schiendl. (Knapp, *Halle*, 1886.)

Robinson. — Das Glashaus und was darin geschiet. (Liesegang, *Düsseldorf*, 1884) — m. 2,50.

Robinson — Sun artist. (Piper and Carter, *London*, 1890.)

Robinson. — The studio and what to do in it. (Piper and Carter, *London*, 1885.) — 2 sh. 6.

Robinson (H.-P.). — Letters on landscape photography. (Piper and Carter, *London*, 1886.) — 1 sh. 2.

Robinson (H.-P.). — Pictorial effect in photography. (Piper and Carter, *London*, 1890.) — 3 sh.

Robinson (H.-P). — Picture making by photography. (Piper and Carter, *London*, 1884.)

Robinson (H.-P.). — Art photography in short chapters. (Hazell, *London*, 1890.) — 1 sh. 2.

Rochet. — Traité d'anatomie appliquée aux Beaux-Arts. (Laurens, *Paris*, 1889.)

Rouché. — Perspective. (Masson, *Paris*, 1892.)

Schiendel. — Die künstlerische Photographie. (Hartleben, *Wien*, 1889.)

Schnelling. — Art of photography. (*London*, 1888.)

Shnelling. — The history and practice of the art of photography. (1849.)

Steward. — How to assist the light. (Steward, *London*, 1892.)

Stolze (Dr Franz). — Die Stellung und Beleuchtung in der Photographie. (Knapp, *Halle*, 1884.) — 10 m.

Thenot. — Perspective. (Le Bailly, *Paris*, 1885.)

Tylar. — The art of photography.

Warren. — Artistic anatomy. (Winsor, *London*, 1890.)

* **Landscape photographer's Poket. Note Book.**

12. — DAGUERRÉOTYPIE

Albinus. — Der volkommene Daguerreotypist. (*Wien*, 1844.)

Arago. — Das Daguerreotyp. (Franz, *Stuttgard*, 1839.)

Buron. — Description du daguerréotype. (*Paris*, 1842.)

Chevalier (C.). — Nouvelles instructions sur l'usage du daguerréotype. (Baillière, *Paris*, 1841.)

Chevalier (Ch.). — Nouveaux renseignements sur l'usage du daguerréotype. (*Paris*, 1846.)

Colas. — Derniers perfectionnements apportés au Daguerréotype. (Lerebours et Secrétan, *Paris*, 1853.)

Daguerre. — Histoire et description des procédés du daguerréotype et du diorama. (*Paris*, 1839.)

Daguerre. — Ausführliches Beschreibungen des Daguerreotyp. (*Berlin*, 1839.)

Daguerre. — Praktische-Beschreibungen des Daguerreotyp. (*Berlin*, 1839.)

Gaudin. — Instructions pour le daguerréotype. (*Paris*, 1844.)

Gaudin et Lerebours. — Résumé général de daguerréotypie. (*Paris*, 1852.)

Gaudin et Lerebours. — Derniers perfectionnements apportés au daguerréotype. (*Paris*, 1841.)

Haley. — The daguerreotype operator. (*London*, 1854.)

Humphrey (S.-D.). — American handbook of the daguerreotype. (Scovill, *New-York*.) — 6 d.
Lerebours et **Secrétan**. — Traité de photographie au Daguerréotype. (Lerebours et Secrétan, *Paris*, 1853.)
Lüdgers. — Das daguerreotyp. (1839.)
Pauly. — Gegenwärtiger Standt-punct der Daguerreotypie in Frankreich. (*Dresden*, 1843.)
Queslin. — Le daguerréotype rendu facile. (*Paris*, 1843.)
Thierry. — Daguerréotypie. (*Paris*, 1847).
* **Le Daguerréotype**. (Giroux, *Paris*, 1840.)

13. — COLLODION

Barnes. — The dry collodion process. (*London*, 1857.)
Belloc. — Photographie sur verre et sur papier (Lieber, *Paris*, 1869.)
Belloc (A.). — Traité de photographie sur le collodion. (1854.)
Bertsch. — Photographie sur verre. (*Paris*, 1852.)
Bizzarri. — Fotografia al collodio secco, al tannino. (*Firenze*, 1863.)
Blanquart-Evrard. — Traité de photographie sur papier, (Borel, *Paris*, 1851.) — 4 fr. 50.
Boivin (F.). — Procédé au collodion sec. (Gauthier-Villars, *Paris*, 1883.) — 1 fr. 50.
Boivin. — Procédé nouveau du collodion sec. (Lieber, *Paris*, 1875.)
Bollmann. — Die neuester Verfahren auf trockenen Platten. (1863.)
Brébisson (de). — Nouvelle méthode de photographie sur collodion. (*Paris*, 1852.)
Brébisson (de) — Traité complet de photographie sur collodion. (*Paris*, 1855.)
Brébisson (de). — Nouveau procédé de collodion sec instantané. (*Paris*, 1865.)
Burgess. — The photograph and Ambrotype manual. (*London*, 1858.)
Chevalier (A.). — Photographie sur plaques métalliques et sur papier. (*Paris*, 1858.)
Chevalier (C.). — Photographie sur papier. (*Paris*, 1854.)
Chevalier (C.). — Nouveaux procédés de photographie sur papier. (*Paris*, 1856.)
Chevalier. — Photographie sur papier sec, glaces albuminées, etc.
Coco. — Nuova pirossilina fotografica.

13. — COLLODION

Constant. — Ein neues einfaches Trocken V... ...en. (*Berlin*, 1871.)
Constant (de). — Le collodion sec. (*Paris*, 1873.)
Couppier. — Traité pratique de photographie sur verre. (*Paris*, 1852.)
Courten (de). — Collodion sec au tannin. (*Paris*, 1873.)
Crookes. — Handbook to the waxed-paper process in photography. (*London*, 1857.)
Duboseq. — Règles pratiques de la photographie sur papier, albumine, etc. (*Paris*, 1853.)
Dumoulin. — Manuel élémentaire de photographie au collodion humide. (Gauthier-Villars, *Paris*, 1874.)
Dussauce. — Emploi du collodion en photographie. (Roret, *Paris*.) — 0 fr. 75.
Fau. — Douze leçons de photographie sur papier et sur verre. (Chevalier, *Paris*, 1854.)
Godard. — A B C de la photographie sur collodion. (*Paris*, 1854.)
Guillot-Sagnez. — Nouveau procédé de photographie sur papier. (Marson, *Paris*, 1847.)
Hamard (M.). — Nouveaux procédés photographiques. — Découverte d'une nouvelle substance accélératrice. (*Paris*, 1847.)
Hardy. — Nouvelle méthode de photographie. (*Paris*, 1857.)
Herling. — Traité de photographie. (*Paris*, 1856.)
Hockin — Practical treatise on the photographic process on glass and paper. (*London*, 1853.)
Huberson. — Nouveau manuel complet de photographie sur papier et sur verre (Michelet, *Paris*, 1879).
Huberson (G.). — Supplément à la photographie sur papier et sur verre. (Roret, *Paris*.) — 3 fr.
Humphrey. — Practical manual of the collodion process. (*London*, 1857.)
Kemp. — Description of certain dry process in photography. (*London*, 1863.)
Latreille (de). — Photographie simplifiée sur verre et sur papier. (Roret, *Paris*.) — 1 fr. 50.
Le Gray. — Traité de photographie sur papier. (*Paris*, 1851.)
Legros. — Encyclopédie de la photographie sur papier. (*Paris*, 1856.)
Legros — Photographie perfectionnée. (*Paris*, 1851.)
Legros (M.). — De la photographie sur plaque, collodion, papier.
Liesegang. — Die Collodion-Verfahren (Liesegang, *Düsseldorf*, 1884.)
Loecherer. — Die Darstellung direct positiver Lichtbilder auf Glas und Wachsleinwand. (*München*, 1857.)

Marion. — Procédés nouveaux de photographie. (*Paris*, 1865.)

Marion. — Pratique de la photographie sur papier. (*Paris*, 1862.)

Markl (A.). — Fotografie na suchém Kolodin. (*Prague*, 1864.)

Martin. — Procédé pour obtenir des épreuves directes sur glace. (Chevalier, *Paris*, 1852.)

Mawson and **Sawn.** — The net collodion process for iron development. (*London*, 1891.)

Mazac. — Liqueur pour collodion sec. (Leygnes, *Villeneuve s.-Lot*, 1865.)

Molard (de). — Préparation d'un collodion rapide. (*Anvers*, 1864.

Monckhoven (van). — Die Photographie auf Collodion. (Knapp, *Halle*, 1868.)

Monckhoven (van). — Traité populaire de photographie sur collodion. (*Paris*, 1862.)

Monckhoven (van). — Méthode simplifiée de photographie sur papier.

Ommeganck. — Préparation d'un collodion très rapide.

Perrot de **Chaumeux.** — Collodion sec ; exposé de tous les procédés connus. (Lieber, *Paris*, 1863.)

Righi. — Alcuni nuovi metodi fotografici. (Soldaini, *Pisa*, 1876.)

Robiquet. — Manuel de photographie sur collodion et albumine. (*Paris*, 1859.)

Roth (K. de). — Major Russel's Tannin-Verfahren. (Knapp, *Halle*, 1858.) — 1 m.

Russel (C.). — Das Tannin-Verfahren. (*Berlin*, 1864.)

Russel (C.). — Le procédé au tannin, traduit de l'anglais, par AIMÉ GIRARD. (Gauthier-Villars, *Paris*, 1864.) - 2 fr. 50.

Schmidt (Chr.-H.). — Handbuch der Photographie auf Metallplatten, Papier und Glas. (*Weimar*, 1852.)

Schnauss (J.). — Das einfachste Trocken-Verfahren. (Knapp, *Halle*, 1863.)

Sutton. — Collodion process wet and dry. (*London*, 1862.)

Sutton. — Description of certain instannaeous dry collodion process. (*London*, 1864.)

Tillard. — Nouveau procédé de photographie sur papier. (*Paris*, 1854.)

Valicourt (de) — Photographie sur métal, sur papier et sur verre, 2 vol. (Roret, *Paris*, 1851.) — 6 fr.

La photographie simplifiée. (Desloges, *Paris*, 1856.)

14. — FERROTYPIE

Drouin. — La ferrotypie. (Mendel, *Paris*, 1889.) — 1 fr.
Estabrooke. — The Ferrotype and how to make it. (*New-York* 1887).
Gauthier-Villars (H.). — Manuel de ferrotypie. (Gauthier-Villars, *Paris*, 1891.) — 1 fr.
Gros (Baron). — Photographie sur plaques métalliques. (Roret, *Paris*, 1856.) — 3 fr.
Huberson. — La photographie sur métal et papier. (Roret, *Paris*, 1861.)
Liesegang — Ferrotypie. (1890.) — 1 m. 50.
Monckhoven (Van). — Nouveau procédé de photographie sur plaque de fer. (*Paris*, 1858.)
Montalti. — Procédé pratique de ferrotypie. (Audoin, *Paris*, 1881.) — 1 fr.
Snowden Ward. — The pratical ferrotyper. (Iliffe, *London*, 1889.) — 6 d.
Trask. — The practical ferrotyper. (*London*, 1873.)
* **Ferrotypes by Estabrooke.**
* **The Ferrotyper's guide.** (Wilson, *New-York*, 1879.) — 75 c.

15. — GÉLATINO-BROMURE D'ARGENT

Abney. — Photography with emulsions. (Piper and Carter, *London*, 1890.) — 3 sh.
Abney. — Emulsion process in photography. (Piper and Carter, *London*, 1890.)
Abney. — Pratique des procédés d'émulsion à la gélatine. Traduit par Romalaere. (*Paris*.)
Audra. — Le gélatino-bromure d'argent. (Gauthier-Villars, *Paris*, 1887.) — 1 fr. 75.
Balagny. — Traité de photographie par les procédés pelliculaires. 2 vol. (Gauthier-Villars, *Paris*, 1890.) — 8 fr.
Bascher. — Procédé au gélatino-bromure. (*Paris*, 1880.)
Burbank (W.-H.). — The photographic negative. (Scovill, *New-York*, 1888.)

15. — GÉLATINO-BROMURE D'ARGENT

Burgess. — The argentic gelatino-bromide Worker's guide. (*London*, 1880.)

Chardon (Alfred). — Photographie par émulsion sensible, au bromure d'argent et à la gélatine. (Gauthier-Villars, *Paris*, 1880.) — 3 fr. 50.

Chardon (Alfred). — Photographie par émulsion sèche au bromure d'argent pur. (Gauthier-Villars, *Paris*, 1877.) — 4 fr. 50.

David (L.) et **Scolik** (Ch.). — Die Photographie mit Bromsilber-Gelatine. (Knapp, *Halle*, 1890-1892.) — 28 m.

Donald. — Model dry plate maker. (*London*, 1882).

Eder. — Modern Dry Plates or Emulsion Photography. (*New-York*, 1887.)

Eder. — Théorie et pratique du procédé au gélatino-bromure d'argent, traduit par Campo. (Gauthier-Villars, *Paris*, 1884.)

Eder et Pizzighelli. — Die Photographie mit Chlorsilber-Gelatine und Chemischer Entwickelung. (Knapp, *Halle*, 1881.) — 1 m. 80.

Fabre (C.). — La photographie sur plaque sèche. (Gauthier-Villars, *Paris*, 1880.) — 1 fr. 75.

Gele (Van). — ABC du procédé au gélatino-bromure d'argent. (Ramlot, *Bruxelles*, 1888.)

Geymet. — Traité pratique du procédé au gélatino-bromure. (Gauthier-Villars, *Paris*, 1885.) — 1 fr. 75.

Geymet. — Éléments du procédé au gélatino-bromure. (Gauthier-Villars, *Paris*, 1882.) — 1 fr.

Gioppi. — Manuale pratico di fotografia alla gelatina-bromuro. (Pettazzi, *Milano*, 1891.) — 1 fr.

Guerrini. — L'emulsione fotografica di gelatina e bromuro d'argento. (Wilmant, *Milano*, 1884.) — 2 fr.

Hannot (Le capitaine). — Exposé complet du procédé photographique à l'émulsion de Warnerke. (Gauthier-Villars, *Paris*, 1880.) — 1 fr. 50.

Jankovich. — Trattato teorico pratico del processo alla gelatina-bromuro d'argento. (Pettazzi, *Milano*, 1880.) — 5 fr.

Janssen. — Photography with emulsions. (*London*.)

Liesegang. — Die Bromsilber-gelatine. (Liesegang, *Düsseldorf*, 1882.)

Mawson and Swan. — The gelatino-bromide paper process. (Mawson, *London*, 1892.)

Mercator (G.). — Der Entwicklungsdruck auf Gelatine-Emulsionspapier und das Vergrösserung direct nach den Negative. (Liesegang, *Düsseldorf*, 1891.) — 2 m.

Monckhoven (Van). — Istruzione per la fotografia alla gelatina-bromuro d'argento. (*Milano*, 1880.) — 1 fr. 50.

Monckhoven (Van). — Anleitung zur Photographie mit Bromsilber-Gelatine. (Knapp, *Halle*, 1880.)

Odagir, Milsom, Kennett and **Palmer**. — Le procédé au gélatino-bromure. (Gauthier-Villars, *Paris*, 1885.) — 1 fr. 50.

Pizzighelli und **Eder**. — Die Photographie mit Chlorsilber-Gelatine. (Knapp, *Halle*, 1883.)

Roux (V.) et **Geoffroy** (Sté.). — Manuel opératoire pour l'emploi du procédé au gélatino-bromure d'argent. (Gauthier-Villars, *Paris*, 1885) — 1 fr. 75.

Schmid. — Die Arbeiten mit Gelatine Emulsions Platten. (Schmid, *Wien*, 1889.)

Sinclair (G.-L.). — Dry plate making for amateurs. (Scovill, *New-York*, 1887.)

Towler. — Dry plate Photography. (*London*, 1865.)

Trutat. — Traité pratique de photographie sur papier négatif, par l'emploi de couches de gélatino-bromure d'argent tendues sur papier. (Gauthier-Villars, *Paris*, 1883.) — 3 fr.

Warnerke. — Exposé du procédé photographique à l'émulsion. (*Paris*, 1880.)

16. — CHROMOPHOTOGRAPHIE

Berget. — Photographie des couleurs par la méthode interférentielle de M. Lippmann. (Gauthier-Villars, *Paris*, 1891.) — 1 fr. 50.

Bonacini (Dr C.). — La fotografia dei colori. (Hoepli, *Milano*, 1892.)

Brandt. — La photographie des couleurs. (Mendel, *Paris*, 1892.) — 1 fr.

Calmette. — Lumière, couleur et photographie. (Société d'Éditions scientifiques, *Paris*, 1892) — 2 fr.

David (L.) und **Scolik** (Ch.). — Die orthoskiagraphische Photographie. (Knapp. *Halle*, 1890.) — 6 marcs.

Ducos de Hauron frères. — Traité pratique de la photographie des couleurs. (*Paris*, 1868.)

Dumoulin. — Les couleurs reproduites en photographie. (Gauthier-Villars, *Paris*, 1876.) — 1 fr. 50.

Grassi. — Il metodo del prof. Lippmann per fotografare i colori. (*Firenze*, 1891.)

Mathet. — Guide pratique pour l'emploi des surfaces ortochromatiques. (*Paris*, 1891.) — 3 fr. 50.

Roux (V.). — Photographie isochromatique. (Gauthier-Villars, *Paris*, 1887) — 1 fr. 25.

Vidal (Léon). — Le procédé de projection polychrôme à l'aide de diapositifs non colorés. (Vidal, *Paris*, 1892.)

Vidal. — Manuel d'orthochromatisme. (Gauthier-Villars, *Paris*, 1891.) — 2 fr. 75.

Vogel (H.-W.). — Die photographie nach farbigen Gegenständen. (Oppenheim, *Berlin*.) — 4 marcs.

Vogel. — La photographie des objets colorés avec leurs valeurs réelles, traduit par H. GAUTHIER-VILLARS. (Gauthier-Villars, *Paris*, 1887.) — 7 fr.

Zenker. — Ueber Photographie in natürliche Farben (*Berlin*, 1868.)

17. — ÉCLAIRAGE ARTIFICIEL
ILLUMINAZIONE ARTIFICIALE

Eder. — Ueber das sichtbare und das ultraviolette Emissionspectrum schwachleuchtender verbrennender Kohlenwasserstoffe und der Oxy-Hydrogen-Flamme. (*Wien*, 1890.)

Eder. — La photographie à la lumière du magnésium, traduit de l'allemand par H. GAUTHIER-VILLARS. (Gauthier-Villars, *Paris*, 1890.) - 1 fr. 75.

Gaedike und **Miethe** — Praktische Anleitung zum photographiren bei Magnesiumslicht. (Oppenheim, *Berlin*, 1887.)

Holtof. — Das elektrische Licht in seinen neusten Entwickelung.

Kayser. — Ueber Blitz-Photographien.(*Berlin*, 1885.)

Klary. — La photographie nocturne. (Société d'Éditions scientifiques, *Paris*, 1893.)

Mendoza. — La photographie la nuit. (Gauthier-Villars, *Paris*, 1892.) — 1 fr. 25.

Mitchell. — Flasch powder explosions. (*Philadelphia*, 1890.)

Moigno — Les éclairages modernes.

Müller. — Ueber die Beleuchtung und Verwendung des Magnesiumslichtes. (*Weimar*, 1889.)

Schirm. — Die Beleuchtungs Magnesium Licht zur photographische Zwecken. (Schirm, *Breslau*, 1888.)

Schnauss. Photographisches Blitzlicht.

Slingsby (R.).— Practical flash-light photography.(1890.) — 4 sh.

Volkmer. — Ueber die Verwendung der electrischen Lichter in der Photographie. (*Wien*, 1885.)

18. — TEMPS DE POSE. — ESPOSIZIONE BELICHTUNGSZEIT

Buguet. — Carnet de pose. (Société d'Éditions scientifiques, *Paris*, 1891.)

Burton. — Poket book for photographers. (Piper and Carter, *London*.) — 9d.

Chapel d'Espinassoux (de). — Traité pratique de la détermination du temps de pose. (Gauthier-Villars, *Paris*, 1890.) — 3 fr. 50.

Clément (R.). — Méthode pratique pour déterminer exactement le temps de pose en photographie. (Gauthier-Villars, *Paris*, 1889.) — 2 fr. 25.

Kreutzer. — Zeitsucht für Photographen. (*Leipzig*, 1861.)

La Baume-Pluvinel (A. de). — Le temps de pose. (Gauthier-Villars, *Paris*, 1890.) — 2 fr. 75.

Mawson and **Swan**. — Exposure note-book. (*London*, 1891.)

Miethe (A.). — Zur Actinometrie photographischen Aufnahmen. (*Rost.*, 1889.)

Pizzighelli. — Die Actinometrie oder die Photometrie. (Knapp, *Halle*, 1884.)

Radau. — Actinométrie. (Gauthier-Villars, *Paris*, 1877.) — 2 fr.

Vidal. — Calcul du temps de pose et tables photométriques. (Gauthier-Villars, *Paris*, 1884.) — 3 fr. 50.

Vidal. — Photomètre négatif. (Gauthier-Villars, *Paris*, 1882.) — 5 fr.

Watkins (Alfr.). - Exposure notes. (Watkins, *Hereford*, 1891.)

Wormald (A.-R.). — Practical index of photographic exposure. (Iliffe, *London*.) — 1 sc. 6.

Zoellner. — Grundzüge einer allgemeinen Photometer. (*Berlin*, 1862.)

* **The poket exposure note book.** (Iliffe, *London*.) — 3 d.

19. — DÉVELOPPEMENT. — SVILUPPO

Balagny. — L'hydroquinone. (Gauthier-Villars, *Paris*, 1889.) — 1 fr.

Balagny. — Hydroquinone et potasse. (Gauthier-Villars, *Paris*, 1891.) — 1 fr. 25.

Berthier. — L'iconogène. (Michelet, *Paris*, 1890.) — 1 fr. 25.

Bourgougnon. — Notice sur la cuvette laboratoire. (Michelet, *Paris*. 1887.)

Cassan. — Nouvelle méthode de développement. (Cassan, *Toulouse*, 1887.) — 0 fr. 75.

Clark (Lyonel). — Développement. (Hazell, *London*.) — 1 sh.

Eder (J.-M.). — Die neue Eisenoxalat-Entwickler. (Knapp, *Halle*, 1880.) — 60 pf.

Jacob. — Instruction sur le développement à l'hydroquinone. (Michelet, *Paris*, 1889.) — 75 c.

Konkoly. — Das Hydroxylamine als Entwickler. (*Berlin*, 1890.)

La Baume-Pluvinel (A. de). — Le développement de l'image latente. (Gauthier-Villars, *Paris*, 1889.) — 2 fr. 50.

Londe. — Traité pratique du développement. (Gauthier-Villars, *Paris*, 1889.) — 2 fr. 75.

Lumière. — Sur les réducteurs de la série aromatique. (Lumière, *Lyon*, 1891.)

Mathet. — Étude complète sur le développement et les développateurs. (*Paris*, 1890.) — 2 fr.

Reeb (H.). — Étude sur l'hydroquinone. (Gauthier-Villars, *Paris*, 1890.) — 75 c.

20. — PHOTOCOPIE

Beleurgey de Raymond. — Los papeles fotograficos (trad. esp.). (Reverchon, *Barcelone*, 1891.) — 1 pes.

Beleurgey de Raymond. — Traitement des papiers photographiques. La photominiature. La ferrotypie. (*Annales phographiques*, Paris, 1891.) — fr. 1,50.

Clark (Lyonel). — Platinum toning. (1890.) — 1 sh.

Davanne et Girard. — Recherches théoriques et pratiques sur la formation des épreuves photographiques positives. (Gauthier-Villars, *Paris*, 1864.)

Duchochois (P.-C.). — Photographic reproduction processes (Hampton Judd, *London*, 1892). — 3 sh. 6.

Geoffray. — Traité pratique pour l'emploi des papiers photographiques. (*Paris*, 1855.)

Geoffray (Stéphane). — Emploi du papier du commerce en photographie.

Geymet. — Procédés photographiques aux couleurs d'aniline. (Gauthier-Villars, *Paris*, 1888.) — 2 fr. 50.

Imperatori. — L'aristotipia pratica (Imperatori, *Milano*, 1890.)

20. — PHOTOCOPIE

Imperatori. — L'aristotipia e la transferotipia. (Imperatori, *Milano*, 1891.)

Jankovich. — Sulla gelatinatura delle positive. (*Milano*, 1880).

Just (D' E.-A.). — Der Positiv-processauf Gelatine-emulsion Papier. (Just, *Wien*, 1888.)

Just. — Bromide paper. (Percy and Lund, *Bradford*, 1891.) — 1 sh.

Just (D' E.-A). -- Rathgeber für den positive Process auf Albumin-Papier. (Just, *Wien*, 1887.)

Just. — Leitfaden für den Positive-Entwiklung Process. (Just, *Wien*, 1890.)

Klary. — Traité pratique d'impression photographique sur papier albuminé. (Gauthier-Villars, *Paris*, 1888.) — 3 fr. 50.

Laqueille (De). — Petit manuel d'impression positive sur papier. (Michelet, *Paris*, 1891.) — 1 fr. 50.

Legros (Le commandant). — L'aristotypie. (Société d'Éditions scientifiques, *Paris*, 1891.) — 2 fr.

Liesegang. — Ueber Erlangung brillanten Negative und schoener Abdruk. (Liesegang, *Düsseldorf*, 1885.) — 50 pf.

Mathet. — Guide pratique pour l'emploi du papier albuminé. (*Paris*, 191.) — 2 fr. 50.

Mathet (L.). — Nouveaux procédés de tirage. (*Paris*, 1891.) — 3 fr.

Mercier (P.). — Méthode générale de virage au platine.(*Paris*,1890.)

Mercier (P.). — Virages et fixages. 2 vol. (Gauthier-Villars, Paris, 1892.) — 5 fr.

Monckhoven (Van). — Nouveaux procédés de photographie sur papier. (1857.)

Pinot. — Photographie sur ivoire. (*Paris*, 1858.)

Pizzighelli. — Anthrakotypie und Cyanotypie. (Knapp, *Halle*,1881.) — 60 pf.

Pizzighelli et Hübl. — La platinotypie, traduit de l'allemand par H. GAUTHIER-VILLARS. (Gauthier-Villars, *Paris*, 1887.) — 4 fr. 50.

Pizzighelli et Hübl. — Die platinotypie. (Knapp, *Halle*, 1873.) — 3 m.

Rotter. — Photographischer Weigweiser für den Silber-Copie Process. (*Dresden*, 1880.)

Sutton. — Handbook to Photography on paper. (*London*, 1855.)

Touche (De). — Notions élémentaires pour le tirage des positifs. (Photographie vulgarisatrice, *Paris*, 1892.) — 1 fr. 75.

Woodbury (Walter-E.). — The gelatino-chloride of silver printing-mount process. (Hazell, *London*, 1891.)

21. — PHOTOCOPIE AU CHARBON
KOHLEDRUCK

Aubert. — Traité élémentaire et pratique de photographie au charbon.

Bellingard. — Applications nouvelles de la photographie au charbon. (Engel-Feitknecht, *Douanne*, 1891.) — 25 fr.

Borlinetto. — Fotografia alle polveri indelebili. (*Padova*, 1869.)

Borlinetto. — Sulle applicazioni del bicromato potassico. (*Padova*, 1869.)

Despaquis. — Photographie au charbon. (*Paris*, 1866.)

Lamy. — Instructions sur l'emploi du papier au charbon. (Lamy, *Paris*, 1878)

Liébert. — La photographie au charbon. (Tignol, *Paris*.) — 3 fr. 50.

Liesegang (Paul). — Notes photographiques. Le procédé au charbon. (Gauthier-Villars, *Paris*, 1886.) — 2 fr.

Liesegang. — Der Kohledrück (Liesegang, *Düsseldorf*.)

Liesegang. — Manual of the charbon-process. (*London*, 1878.)

Monckhoven (van) — Der Kohle-Photographie.

Monckhoven (van). — Traité de photographie au charbon. (*Paris*, 1876.)

Monckhoven (van). — Historique du procédé au charbon. (*Paris*, 1876.)

Montagna. — La fotografia al carbone. (*Milano*, 1869.)

Montagna. — Teoria e pratica del processo al carbone. (Sbisà, *Roma*, 1890.) — fr. 1,35.

Simpson (G.-W.). — Swan's Pigmentdruck oder Kohleverfahren. (*Berlin*, 1868.)

Simpson. — On the production of photography in pigment. (*London*, 1867.)

Sobacchi. — Fotantracografia. (Pettazzi, *Milano*, 1879 ; *Lodi*, 1883.) — fr. 3.

Swan. — Pigment druck.

Vidal. — Traité pratique de photographie au charbon. (Gauthier-Villars, *Paris*, 1877.) — 4 fr. 50.

Vogel (H.-W.) und **Sawyer**. — Das photographische Pigment-Verfahren oder der Kohledruck. (Oppenheim, *Berlin*.) — 2 m.

* **American carbon manual.**

22. — PHOTOCALQUE

Cheysson. — Manuel des procédés de reproduction d'écriture et de dessin à employer dans le service des Ponts et Chaussées. (*Paris*, 1880.)

Colson (R.). — Procédés de reproduction des dessins par la lumière. (Gauthier-Villars, *Paris*, 1888.) — 1 fr.

Ettinghausen und **Pokorny** (A.). — Die Wiessenschaftl. Anwend. d. Naturselbstdruckes zur graph. Darstell. v. Pflanzen. (*Wien*, 1856.)

Fisch. — La photocopie. (Michelet, *Paris*, 1886.) — 1 fr. 50.

Fisch. — Nouveaux procédés de reproductions industrielles. (Michelet, *Paris*, 1887.) — 2 fr. 50.

Maihak. — Die Vervielfältigung von Zeichnungen, etc. (Springer, *Berlin*, 1888.)

Masselin — Photographie appliquée aux dessins industriels. (Chauny, *Paris*, 1877.)

Masselin. — Traité pratique de photographie appliquée au dessin industriel. (Gauthier-Villars, *Paris*, 1890.) — 1 fr. 50.

Roux. (V.). — Manuel de photographie et de calcographie. (Gauthier-Villars, *Paris*, 1886.) — 1 fr. 25.

Watherouse. — Practical notes on the preparation of drawings for photographic reproductions. (*London*, 1890.)

Wolkmer. — Mittheilungen ueber einig neuere und interessante Arbeiten auf dem Gebiete des Photographie und der Reproductions-Technik graphischen Kunst. (*Wien*, 1866-89.)

23. — RETOUCHE

Allongé. — Le fusain. (Laurens, *Paris*, 1889.)

Arnold (Haus). — Die Negatif-Retouche. (Hartleben, *Wien*, 1891.)

Bech. — Traité pratique de retouche. (Bech, *Paris*, 1888.)

Crookes (W.). — Das Retouchiren und Coloriren des Photographien. (Voigt, *Weimar*, 1872.)

Ducasse. — De l'éclairage et de la retouche, en photographie. (Vigé, *Toulouse*, 1877.)

Ganichot. — Traité théorique et pratique de retouche. (Mendel, *Paris*, 1892.) — 1 fr.

Grasshoff (Joh.). — Die Retouche von Photographien. (Oppenheim, *Berlin*, 1891.) — 2 m. 50.

Hauser. — Traité de la Retouche. (Le Bailly, *Paris*.)

23. — RETOUCHE

Hubert. — Retouching made easy. (Hubert, *London*, 1888.)

Hubert (J.). — The art of retouching, with chapters on portraiture and flash light photography. (Hazell, *Londres*.) — 1 sh. 2.

Janssen. — Portrait retouching. (*London*, 1878.)

Janssen. — Systematische Anleitung zur schnellen Selbsterlernung der Negativen und Positiven Portrait-Retouche. (*Berlin*, 1878.)

Johnson (R). — The Art of retouching negatives and finishing and colouring photography. (Marion, *London*, 1892.) — 2 sh. 3.

Klary. — L'art de retoucher les négatifs photographiques. (Gauthier-Villars, *Paris*, 1890) — 2 fr.

Klary. — L'art de retoucher en noir les épreuves positives sur papier. (Gauthier-Villars, *Paris*, 1888.) — 1 fr.

Klary. — Les portraits au crayon, au fusain et au pastel obtenus au moyen des agrandissements photographiques. (Gauthier-Villars, *Paris*, 1889.) — 2 fr. 50

Kopske (Wilh.). — Die photographische Retouche in ihrem ganzen Umfange. (Oppenheim, *Berlin*, 1891.) — 2 vol. — 4 m. 50.

Liesegang. — Di Retouche der Photographie. (Knapp, *Halle*, 1890.)

Long. — Crayon instructor. (Long, *Quincy*, Ill., 1890.)

Long (E). — Art of making portraits in crayon on solar enlargements. (Scovill, *New-York*.)

Malet (François). — Retouche des agrandissements au charbon. (Le Bailly, *Paris*.) — 1 fr.

Mason. — Pictures in black and white. (*New-York*, 1890.)

Mücke (H.). — Die Retouche photographischer Negative und Abdrucke. (Liesegang, *Düsseldorf*, 1891.) — 4 m.

Müller. — Anleitung zum Retouchiren.

Ourdan. — The art of retouching. (*New-York*, 1889.)

Paar (Jean). — Die Retouche der Photographie. (Knapp, *Halle*, 1891.) — 4 m.

Piquepé. — The modern practice of retouching negative. (Scovill, *New-York*.)

Piquepé. — Enamelling and retouching. (Piper and Carter, *London*, 1883.) — 2 sh. 6.

Piquepé. — Traité pratique de la retouche des clichés photographiques. (Gauthier-Villars, *Paris*, 1890.) — 4 fr. 50.

Robert. — Le fusain sans maître. (Laurens, *Paris*.)

Zamboni (Carlo). — Anleitung von Positiv- und Negativ-Retouche. (Knapp, *Halle*, 1888.) — 5 m.

* **The Art of retouching.**

* **Retouche photographique par un spécialiste** (1888).

24. — PEINTURE

Ayres. — How to paint-photograph in water-colours and in oil, etc... (Wilson, *Philadelfia*, 1871.)

Barhydt (J.-A.). — A complete treatise on solar crayon portraits and transparent liquid waters colours. (Kingston, *New-York*, 1886) — 0 fr. 50.

Benedict — Die Künstlichen farbstoffe. (1883).

Bezold. — The theory of colors in its relations to art and industry, trad. KOELLER. (Praug, *Boston*, 1876.)

Blin (Emile). — Traité pratique de photominiature. (Michelet, *Paris*, 1892.) — 1 fr.

Darier. — Traité pratique de photominiature. (Darier, *Paris*, 1889.)

Disderi. — Le miniaturiste. (Le Bailly, *Paris*.)

Dormoy (Léon). — Photominiature et photopeinture. — 1 fr.

Fischer. — Das Technik der Aquarel Malerei. (Gerold, *Wien*, 1888.)

Geo. — Of tho paint photographs. (*Buenos-Ayres*, 1887.)

Gibon. — The principles and practice of harmonious colouring in oil, water and photographic colours applied to photographs. (Newmann, *London*, 1863.)

Gibon. — The photographic Colorist Guide. (Wilson, *New-York*, 1890.)

Godon. — La peinture sur toile et tissus. (Michelet, *Paris*, 1888.)

Goupil. — Traité de peinture à l'huile. (Le Bailly, *Paris*, 1889.)

Goupil. — Trattato di pittura coi colori ad olio. (*Torino*, 1876.)

Goupil. — Traité de peinture à l'aquarelle. (Le Bailly, *Paris*, 1889.)

Goupil. — Traité de peinture à l'eau. (Le Bailly, *Paris*, 1889.)

Goupil. — Traité de peinture au pastel. (Le Bailly, *Paris*, 1889.)

Gros. — Trattato di pittura a pastello. (*Torino*, 1878.)

Gros. — Trattato di pittura all' acquarello. (*Torino*, 1878.)

Guichard. — La grammaire de la couleur. (Michelet, *Paris*, 1889.)

Klary. — Traité pratique de la peinture des épreuves photographiques. (Gauthier-Villars, *Paris*, 1888.) — 3 fr. 50.

Picard-Mathurin. Nouveau traité de peinture sur porcelaine et sur faïence. (Société d'éditions scientifiques, (*Paris*, 1893.) 2 fr. 50.

Price (H.-Clay). — How to make pictures. (*London*, 1887).

Langé (Paul). — Amateur photographer Prize Pictures. (Hazell, *London*.) — 2 sh. 6.

Ogonowski (le comte). — La photochrômie. (Gauthier-Villars, *Paris*, 1891.) — 1 fr.

Ritschel — Die Pastelmalerei.
Robert — L'aquarelle (abrégé). (Laurens, *Paris.*)
Robert — L'aquarelle. (Laurens, *Paris.*)
Robert. — Le pastel. (Laurens, *Paris.*)
Robert. — Traité pratique de l'enluminure. (Laurens, *Paris.*)
Robert. — La peinture à l'huile. (Laurens, *Paris*, 1890.)
Schaeffner (Ant.). — La photominiature. (Gauthier-Villars, *Paris*, 1890.) — 1 fr. 50.
Simons. — Traité de photominiature, photopeinture et photoaquarelle. (Gauthier-Villars, *Paris*, 1888.) — 1 fr. 25.
Thenot. — La peinture à l'huile. (Le Bailly, *Paris.*)
Thenot. — La miniature (Le Bailly, *Paris.*)
Thenot. — L'aquarelle. (Le Bailly, *Paris.*)
Wake. — Manual of photographic colouring. (*London*, 1878.)
* **Harmonious Colouring.**
* **A Manual of artisting Colouring.**
* **Newman's harmonious Colouring.**

25. — PHOTOTIRAGES. — PROCESSI FOTOMEC CANICI. — LICTDRUCKS

Angerer. — Chemitypie. (Hartleben, *Wien*, 1885.)
Bernard (D'. P.). — Guide pratique de photocollographie (1892.)
Bool. — The art of Photographic Printing. (Piper and Carter, *London*, 1890.)
Bonnet (G.). — Manuel de phototypie. (Gauthier-Villars, *Paris*, 1889.) — 2 fr. 75.
Bonnet (G.). — Manuel d'héliogravure et de photogravure en relief. (Gauthier-Villars, *Paris*, 1890.) — 2 fr. 50.
Bonnet (G.). — Manuel d'héliogravure et de photogravure en relief. (*Paris*, 1889.)
Borlinetto. — I processi moderni di stampa fotografica. (Pettazzi, *Milano*, 1878.) — 10 fr.
Bry. — Traité de l'autographie. (Michelet, *Paris*, 1862.)
Burbank (W.-H.). — Photographic printing methods (Scovill, *New-York*, 1887).
Burton (W.-K.). — Practical guide to photography and photomechanical printing processes. (1887.)
Clerville. — Procédés inaltérables. (*Paris*, 1863.)

25. — PHOTOTIRAGES

Delaborde. — La gravure. (Michelet, *Paris*, 1883.)

Doyen. — Cenni sulla litografia. (Loescher, *Torino*, 1874.)

Ferret (l'abbé J.). — La photogravure facile et à bon marché. (Gauthier-Villars, *Paris*, 1889.) — 1 fr. 75.

Fortier (G.). — La photolithographie. (Gauthier-Villars, *Paris*, 1876.) — 3 fr. 50.

Franke. — Katekismus der Buchdruckerkunst.

Geymet. — Traité pratique de gravure héliographique et de galvanoplastie. (Gauthier-Villars, *Paris*, 1885.) — 3 fr. 50.

Geymet. — Epreuves positives sur fond d'or. (Gauthier-Villars, *Paris*, 1885.) — 2 fr. 75.

Geymet. — Traité pratique de photogravure sur zinc et sur cuivre. (Gauthier-Villars, *Paris*, 1886.) — 4 fr. 50.

Geymet. — Traité pratique de phototypie. (Gauthier-Villars, *Paris*, 1888.) — 2 fr. 50.

Geymet. — Traité pratique de photolithographie. (Gauthier-Villars, *Paris*, 1888.) — 2 fr. 75.

Geymet. — Traité pratique de gravure et impression sur zinc par les procédés héliographiques. 2 vol. (Gauthier-Villars, *Paris*, 1887.) — 5 fr.

Geymet. — Traité pratique de gravure sur verre par les procédés héliographiques. (Gauthier-Villars, *Paris*, 1887.) — 3 fr. 75.

Geymet. — Traité pratique de gravure en demi-teinte, par l'intervention exclusive du cliché photographique. (Gauthier-Villars, *Paris*, 1888.) — 3 fr. 50.

Hammans. — Les arts graphiques.

Hans. — Anleitung zur Herstellung von Buchdruckplatten mittelst zur Aetzung. (*Leipzig*.)

Heighway (W.). — Photographic printers assistant. (1884.)

Hering. — Die Galvanoplastik.

Hermagis. — Traité de photolithographie.

Husnik. — Die Zinkätzung. (Hartleben, *Wien*, 1886.) — Fl. 2,50.

Husnik. — Die Reproductions Photographie sowohl für Halbton als Strichmanier. (Hartleben, *Wien*, 1885.) — Fl. 1,80.

Husnik. — Die Heliographie. (Hartleben, *Wien*, 1878.) — Fl. 2,50.

Isermann. — Anleitung zur Gyps und Papierstereotypie.

Jaffé und Albert. — Das photolithographische Verfahren nach den neuesten Verbesserungen unter Anwendung von Albert's photolithographischen Uebertragungspapiere. (Jaffé, *Wien*, 1888.)

Kayser. — Die naturliche Asphalten. (*Nürnberg*, 1879.)

Krüger (J.). — Die Zinkogravure. (Hartleben, *Wien*, 1885.) — Fl. 1,35.

Lallemand. — Nouveaux procédés d'impression autographique et de photolithographie. (Lieber, *Paris*, 1867.)

Liesegang. — Der Lichtdruck und die Photolithographie.

Liesegang. — Praktisk Handbok far Framställning of trogna kopior of Ritiwngar, Handskrifter, Gravyrer M. M. medelst Lejuskänsligt Paper (trad. suédoise). (*Stockolm*, 1885.)

Lietze (Ernest). — Modern eliographic process. (Van Mostrand, *New-York*, 1890.)

Lostalot. — Les procédés modernes de la gravure. (Michelet, *Paris*, 1890.) — 3 fr. 50.

Middleton-Schnauss. — Collotype and photolytography. (*London*, 1890.)

Monet. — Procédés de reproductions graphiques appliquées à l'imprimerie. (Gauthier-Villars, *Paris*, 1888.) — 10 fr.

Monrocq. — Manuel pratique de lithographie sur zinc. (Monrocq, *Paris*, 1885.)

Monrocq. — Manuel pratique de photographie sur zinc. (Monrocq, *Paris*, 1882.)

Mook. — Traité pratique d'impression photographique aux encres grasses. (Gauthier-Villars, *Paris*, 1888.)

Mörch (J.-O.). — Die Autotypie. (Liesegang, *Düsseldorf*, 1892.) — 5 m.

Mörch (J.-O.). — Handbuch der Chemigraphie und Photochemigraphie. (Liesegang, *Düsseldorf*, 1884.) — 4 m.

Motteroz. — Reproduction héliographique. (*Paris*, 1879.)

Motteroz. — Traité de photogravure.

Motteroz. — Essai sur les gravures chimiques en relief. (Gauthier-Villars, *Paris*, 1871.)

Niepce de Saint-Victor. — Traité pratique de gravure héliographique. (Masson, *Paris*, 1856.)

Poitevin et Vidal. — Traité des impressions photographiques. (Gauthier-Villars, *Paris*, 1883.)

Pretsch. — Der Erfinder der Photogalvanographie. (Giestel, *Wien*, 1888.)

Raymond. — Instruction pour l'autocopiste. (Levé, *Paris*, 1888.)

Rodrigues (J.). — Procédés photographiques et méthodes diverses d'impressions aux encres grasses. (Gauthier-Villars, *Paris*, 1879.) — 2 fr. 50.

Roseleur. — Guide pratique du doreur, de l'argenteur et du galvanoplaste. (Boret, *Paris*, 1878).

Roux (V.). — Formulaire pratique de phototypie. (Gauthier-Villars, *Paris*, 1887.) — 1 fr.

Roux (V.). — Traité pratique de gravure héliographique en taille-douce. (Gauthier-Villars, *Paris*, 1886.) — 1 fr. 25.

Roux (V.). — Traité pratique de zincographie. (Gauthier-Villars, *Paris*, 1891.) — 1 fr. 25.

Roux (V.). — Traité pratique de la transformation des négatifs en positifs servant à l'héliogravure et aux agrandissements. (Gauthier-Villars, *Paris*, 1881.) — 1 fr.

Sawyer. — The ABC guide to the making of autotypie prints in permanent pigments. (Autotype C°, *London*, 1887.)

Sawyer. — The process autotype. (*London*, 1876.)

Sawyer (J.-R.). — The autotype manual of permanent photography. (*London*, 1877.)

Scamoni. — Heliographie. (*Saint-Pétersbourg*, 1872.)

Scamoni (G.). — Handbuch der Heliographie. (*Berlin*, 1872.)

Schaeffner (Ant.). — La photogravure en creux et en relief simplifiée. (Gauthier-Villars, *Paris*, 1891.)

Scherer. — Lehrbuch der Chemigraphie. (Schnauss, *Wien*, 1877.)

Schämdel (Von). — Ueber moderne Graphik. (*München*, 1887.)

Schnauss. — Der Lichtdruck und die Photolithographie. (Liesegang, *Düsseldorf*, 1889.) — 4 m.

Schnauss (J.). — Collotype and photolithography. Trad. par E.-C. Middleton. (Iliffe, *London*, 1890.) — 5 sc.

Scott. — On Photozinkography. (*London*, 1861.)

Toifel. — Handbuch der Chemigraphie. (Hartleben, *Wien*, 1883.) — 1 flor. 80.

Tournois (A.). — La phototypie. (*Bourg-la-Reine* (Seine.), 1892.) — 2 fr.

Trutat (E.). — Impressions photographiques aux encres grasses. (Gauthier-Villars, *Paris*, 1892.) — 2 fr. 75.

Tudot. — Die Lithographie.

Vallette. — Manuel de lithographie. (Michelet, *Paris*, 1891.)

Vespignani. — Processo di zincotipia. (Vespignani, *Ancona*, 1884.)

Vidal. — Traité pratique de photoglyptie. (Gauthier-Villars, *Paris*, 1881.) — 7 fr.

Vidal. — Traité pratique de phototypie. (Gauthier-Villars, *Paris*, 1879.) — 8 fr.

Vidal. — Traité pratique de photolithographie. (Gauthier-Villars, *Paris*, 1892.)

Vidal. — Traité pratique de photogravure en relief et en creux. (Gauthier-Villars, *Paris*, 1892.)

Villon. — Traité pratique de photogravure sur verre. (Gauthier-Villars, *Paris*, 1890.) — 1 fr.

Villon. — Traité pratique de photogravure au mercure. (Gauthier-Villars, *Paris*, 1891.) — 1 fr.

Villon (A.-M.). — Nouveau manuel complet du dessinateur et de l'imprimeur lithographe. 2 vol. et atlas. (Roret, *Paris*, 1891.)

Waldow. — Hilfsbuch für Maschinenmeister an Buchdruck Schnellpressen.

Weiss. — Die Galvanoplastik für die Buchdruckerkunst.

Weisshaupt. — Das Gesamtgebeit des Steindrucks. (Voigt, *Weimar*, 1872.)

Wilkinson (W.-T.). — Photo-engraving etching and lithography. (Wilson, *New-York*, 1889.)

Wilkinson (W.-T.). — Photogravure. (Iliffe, *London*.) — 1 sc. 6.

* **Autotype Manual of permanent Photography.**
* **Heliotype Process.** (*London*, 1873.)
* **Le arti grafiche fotomeccaniche.** (Hœpli, *Milan*, 1891.) — 2 fr.
* **Les procédés graphiques.**
* **Versuch in der Hyalographie.**

26. — PHOTOCHROMOGRAPHIE

Achaintre. — Étude sur les impressions en couleurs. (Michelet, *Paris*, 1883.)

Bolas (T.). — The application of Photography to the reproduction of Printing surfaces and pictures in pigment.

Ducos du Hauron. — Reproduction photo-mécanique des couleurs, etc. (Bouyer, *Alger*, 1891.)

Friedlein. — Die Praxis des Pigment-Druckes. (*Monaco*, 1876.)

Liesegang. — Die Heliochromie. (Liesegang, *Düsseldorf*, 1885.) — 1 m. 50.

Reich. — Die Farbenmischung für Druckerein (Reich, *Berlin*.)

Zenker. — Lehrbuch der Photochromie. (*Berlin*, 1891.)

27. — AGRANDISSEMENT ET RÉDUCTION
VERGROSSERUNG UND REDUCIRUNG

Bertsch. — Nouveaux appareils photographiques pour l'agrandissement. (Michelet, *Paris*, 1867.)

Buehler (Ad.). — Das Helioscops. (*Weimar*, 1850.)

Bœhm. — Anleitung zur Darstellungen mittelst der Laterna, etc. (*Hamburg*, 1876.)

Chevalier (Ch.). — La méthode de portraits de grandeur naturelle. (*Paris*, 1872.)

Dagron. — Traité de photographie microscopique.

Dagron. — La poste par pigeons voyageurs. (*Paris*, 1878.)

Dresser. — Bromide enlarging. (Fry, *London*, 1892.)

Hodges. — Practical enlarging. (Iliffe, *London*, 1892.)

De Lafollye. — Dépêches par pigeons voyageurs pendant le siège de Paris. (*Tours*, 1876.)

Liesegang. — Der Silberdruck und das Vergrösserung photographischer Aufnahmen. (Liesegang, *Düsseldorf*, 1891.)

Monckhoven (van). — Degli ingrandimenti fotografici. (Antonini, *Milano*, 1868.)

Richter. — Anleitung zur Darstellung mittelst der Laterna magica.

Testelin. — Nouveaux procédés pour l'amplification des photographies et des portraits de grandes dimensions.

Trutat. — Traité pratique des agrandissements photographiques. 2 vol. (Gauthier-Villars, *Paris*, 1891.) — 5 fr.

Wheeler. — Photographic enlargements. (*London*, 1891.)

Willemin. — Traité de l'agrandissement des épreuves photographiques. (*Paris*, 1865.)

28. – PROJECTIONS

Bothamley. — Optical lantern for teaching (*New-York*). — 6 d.

Buehler. — Das Helioskop. (*Weimar*, 1850.)

Cadwich. — The magic Lantern manual. (*London*, 1885.)

Coupé. — Méthode pratique pour l'obtention des diapositives. (Gauthier-Villars, *Paris*, 1892.)

Dolbear. — The art of Projecting. (*Boston*, 1883.)

Dresser (A.-R.). — Lantern slides and how to make them. (Iliffe, *London*, 1891.) — 6 d.

Fourtier. — La pratique des projections. (Gauthier-Villars, *Paris*, 1892.) — 1er vol. 2 fr. 75.

Fourtier. — Nouveau manuel des projections lumineuses. (Laverne, *Paris*, 1889.) — 3 fr. 50.

Fourtier. — Les positifs sur verre. (Gauthier-Villars, *Paris*, 1892) — 4 fr. 50.

Fourtier. — Les tableaux de projections mouvementés. (Gauthier-Villars, *Paris*, 1892.) — 2 fr. 25.

28. — PROJECTIONS

Garnier (Perrin). — A manual of painting on glass for the magic lantern. (Barnard, *London*.) — 1 sh.

Hepworth. — The book of the Lantern. (Hazell, Watson and Viney, *London*, 1890.) — 3 sh.

Hepworth. — Manuel pratique des projections lumineuses. Traduit par Klany. (*Société d'Éditions scientifiques, Paris*, 1892.) — 4 fr.

Hodges. — The lantern slide manual (Hazell, Watson and Viney, *London*, 1892.) — 2 sh.

Jennings (I.-H.). — The magic Lantern, its construction and use. (Perken, *London*, 1890.)

Krippendorf (H.). — Photographie als Unterrichts gegenstand die Gewerbeschule. (*Aarau*, 1873.)

Laudy. — The magic lantern and its applications. (*New-York*, 1885.)

Liesegang. — Die Projektions-Kunst. (Liesegang, *Düsseldorf*, 1882.) — 5 m.

Martin. — The magic Lantern. (*London*, 1886.)

Meunier. — Les projections et l'enseignement primaire. (Molteni, *Paris*, 1883.) — 1 fr.

Moigno. — L'art des projections. (Gauthier-Villars, *Paris*, 1872.) — 3 fr.

Molteni. — Instruction pratique sur l'emploi des appareils de projection. (Molteni, *Paris*, 1892.) — 3 fr.

Pringle. — The optical Lantern. (Iliffe, *London*, 1892.) — 2 sh. 6.

Pringle. — Lantern slides by photographic methods.

Pike. — The use of chromo-printed pictures for the magic lantern (Barnard, *London*). — 6 d.

Rintoul — Photographic Portraits, glas painting (Barnard, *London*.) — 2 sh.

Stein (S.-T.). — Die Projektions-Kunst. (Knapp, *Halle*, 1887.) — 3 m.

Stöhrer. — Die Projektion physikalischer Experiment. (*Leipzig*, 1876.)

Talbot (R.). — Das Scioptikon. (Talbot, *Berlin*, 1890.) — 1 m.

Thoerner. — Die Verwendung der Projektions-Kunst in Auschaungs Unterricht. (Liesegang, *Düsseldorf*, 1892.)

Trutat. — Les épreuves à projections. (Mendel, *Paris*, 1891.) — 1 fr.

Welford (Walter-D.) et **Sturmey** (Henry). — The indispensable handbook to the optical Lantern. (Sturmey, *London*, 1889.) — 2 sh. 6.

Wilson. — Lantern Journey's (Wilson, *New-York*, 1890.)

Wood. — The magic lantern (*London*). — 1 sh.

* **The magic Lantern** (Iliffe, *London*.) — 6 d.
* **The magic Lantern** (Houlston and Sons, *London*, 1886.)

29. — PHOTOGRAPHIE INSTANTANÉE
MOMENT-PHOTOGRAPHIE

Agle. — Manuel de photographie instantanée. (Gauthier-Villars, *Paris*, 1891.) — 2 fr. 75.

David (L.) et **Scolik** (Ch.). — Die Praxis der Moment-Photographie. (Knapp, *Halle*, 1891.)

Eder (Dr J.-Maria). — Die Moment-Photographie. (Knapp, *Halle*, 1886-1888.) — 42 m.

Eder (prof. J.-M.). — Anleitung zur Herstellung von Moment-Photographien. (Knapp, *Halle*, 1887.) — 8 m.

Eder. — La photographie instantanée. Traduit par Campo. (Gauthier-Villars, *Paris*, 1888.) — 6 fr. 50.

Fol. — Sur un appareil photographique destiné à prendre les animaux en mouvement. (*Genève*, 1885.)

Guiton. — La photographie instantanée. (Michelet, *Paris*, 1887.)

Londe. — La photographie instantanée. (Gauthier-Villars, *Paris*, 1890.) — 2 fr. 75.

Marey. — Le mouvement étudié par la photographie. (*Société d'Éditions scientifiques*, Paris, 1892.)

Marey. — Le vol des oiseaux. (Masson, *Paris*, 1889.)

Welford. — The Hand-Camera and how to use it. (Iliffe, *London*, 1892.) — 1 sc.

C. W. — Istantaneous Photography for Amateurs. (*London*, 1886.)

30. — MÉTROPHOTOGRAPHIE

Batut. — La photographie aérienne par cerf-volant. (Gauthier-Villars, *Paris*, 1890.) — 1 fr. 75.

Bornecque. — La photographie appliquée aux levers des plans. (Michelet, *Paris*, 1886.)

Finsterwalder. — Die Terrainaufnahme mittelst Photogrammetrie. (*München*, 1891.)

Girard (A.). — La photographie et les études géographiques. (*Paris*, 1881.)

Gorella. — Photographie plano-panoramique. (*Étampes*, 1858.)

Harrison (W.-J.). — Notes upon a proposed Photographic Survey of Warwickshire.

Hübl. — Die reproductions — Photographie im K. u. K. milit. geogr. Institute. (*Wien*, 1889.)

Jouart. — Application de la photographie aux levés militaires. (Dumaine, *Paris*, 1866.)

Koppe. — Die Photogrammetrie der Bildmesskunst. (*Weimar*, 1890.)

Laussedat (A.). — Histoire de la cartographie. (May, *Paris*, 1892.)

Laussedat. — L'iconométrie et la métrophotographie. (Gauthier-Villars, *Paris*, 1892.) — 1 fr. 75.

Le Bon. — Les levers photographiques. 2 vol. (Gauthier-Villars, *Paris*, 1889.) — 5 fr.

Legros (Commandant). — La photogrammétrie. (*Société d'Éditions scientifiques, Paris*, 1891.) — 5 fr.

Marselli. — La fotografia applicata alla costruzione di carte alpine. (*Torino*, 1891.)

Meydenbauer. — Das photographische Aufnahmen zu wissenschaftlichen Zwecken insbesondere das Messbild-Verfahren. (Unte, *Berlin*, 1892.) — 4 m.

Moëssard. — Le cylindrographe. 2 vol. (Gauthier-Villars, *Paris*, 1889.) — 3 fr.

Paganini. — La fototopografia in Italia. (Civelli, *Roma*, 1889.)

Paté. — Application de la photographie à la topographie militaire. (*Paris*, 1862.)

Pollak. — Die photographische Terrainaufnahme.

Pollack (V.). — Photogrammétrie. (*Wien*, 1891.)

Pollack (Vincenz). — Ueber photographische Messkunst. (*Wien*, 1891.)

Reed (H.-A.). — Photography applied to surveying. (Scovil, *New-York*.) — 2 fr. 50.

Schiffner. — Die photographische Messkunst oder Photogrammetrie, Bildmesskunst, Photographie. (Knapp, *Halle*, 1892.) — 4 m.

Tronquoy. — La planchette photographique.

Volkmer. — Die Kartographie, die Reproductions Methode. (*Wien*, 1890.)

Volkmer. — Die Teknik der Reproduction von Militär Karten und Planen. (Hartleben, *Wien*.) — Fl. 2,50.

Volkmer (Ottomar). — Die Arbeiten der photographischen Abtheilungen des K. K. militär geographischen Institutes von Wien im Jahre 1883. (Knapp, *Halle*, 1884.) — 60 pf.

31. — MICROPHOTOGRAPHIE

Abbe. — Ueber Verbesserungen des Mikroskop mit hilfe neuer Arten optischen Glases. (*Jena*, 1886.)

Beale. — How to work with the microscope.

Behrens, Kossel et Schiefferdecker. — Das mikroskop. (1890.)

Benecke. — Die Photographie als Hilfsmittel mikroskopischer Forschung. (Weweg, *Braunsweig*, 1868.)

Böhm e Oppel. — Manuale di microscopia tecnica (trad. Cao). (Vallardi, *Milano*, 1892.) — 16 fr.

Bonsfield. — A guide to the science of photomicrography. (*London*, 1887.)

Bride. — La chambre noire et le microscope.

Burton and Jermings. — Photomicrography.

Capranica. — Fotografia istantanea microscopica. (*Roma*, 1888.)

Capranica. — Processi micrografici (Bruhn, *Braunschweig*, 1888).

Carpenter. — The micro.cop. (*London*, 1856.)

Chevalier (A.). — L'étudiant micrographe. (*Paris*, 1865.)

Couvreur. — Le microscope et ses applications (J.-B. Baillière, *Paris*, 1888.)

Dippel. — Das Mikroskop und seine Anwendung. (*Braunsweig*, 1883.)

Dujardin. — Manuel de l'observateur au microscope. (*Paris*.)

Fayel. — Mon microscope photographique. (*Caen*, 1877.)

Foucault. — Notice sur le microscope photoélectrique.

Francotte. — Manuel de technique microscopique.

Francotte. — La micrographie appliquée à l'histologie, à l'anatomie comparée et à l'embryologie. (1887.)

Frankel und Pfeiffer. — Mikrophotographischer Atlas der Bacterienkunde. (*Wien*, 1892.)

Friedländer (Oliva). — Tecnica microscopica Unione (ed. *Torino*, 1890). — 5 fr.

Garbini. — Manuale per la tecnica moderna del microscopio. (Vallardi, *Milano*, 1892.) — 6 fr.

Gerlach. — Die photographie als Hülfsmittel mikroskopischer Forschung. (*Leipzig*, 1863.)

Girard (A.). — Photomicrographie en 100 tableaux. (Gauthier-Villars, *Paris*, 1872). — 1 fr. 50.

Girard (J.). — La chambre noire et le microscope. (*Paris*, 1870.)

Griffith and **Humfrey**. — Micrographic dictionary. (*London*, 1856.)

Hager. — Das Mikroskop und seine Anwendung. (*Berlin*, 1866.)

Harting. — Gebrauch des Mikroskopes. (*Braunsweig*, 1866.)

Hauer (Max). — Grundzüge der Mikrophotographie. (*Leipzig*, 1876.)

Heller. — Das dioptrische Mikroskop. (*Wien*, 1856.)

Heurch (van). — La nouvelle combinaison optique de M. Zeiss et la structure de la valve des diatomées. (*Anvers*, 1890.)

Holmann. — Istantaneous microphotography. (Gossip, *London*, 1886.)

Huberson. — Précis de photomicrographie. (Gauthier-Villars, *Paris*, 1879). — 2 fr.

Jennings. — Photo-micrography, or how to photograph microscopic objects. (Piper and Carter, *London*, 1890). — 3 sh.

Jeserich. — Die Mikrophotographie auf Bromsilber-gelatine. (Springer, *Berlin*, 1888.)

Lignier (O.). — De la mise au point en microphotographie. (Delesques, *Caen*, 1891.)

Malley (A.-Cowley). — Photomicrography. (*London*, 1885.)

Marktanner-Turneretscher. — Die Mikrophotographie als Hilfsmittel naturwirsenschaftlicher Forschung. (Knapp, *Halle*, 1890). — 8 m.

Mills (F.-W.). — Photography applied to the microscope. With a chapter on mounting objects, by T. Charters *White*. (Iliffe, *Londres*, 1891.) — 2 sh.

Moitessier. — La photographie appliquée aux recherches micrographiques. (*Paris*, 1866.)

Moitessier. — Die photographie als Hülfmittel mikroskopischer Forschung. Trad. Beneke. (*Braunsweig*, 1868.)

Neuhauss. — Lehrbuch der Mikrophotographie. (Bruhn, *Brunswick*, 1890). — 8 m.

Oliva (Friedlander). — Tecnica microscopica. (Unione edit. *Torino*, 1890.) — 5 fr.

Pelletan. — Le microscope.

Pelletan. — Etude sur les microscopes étrangers.

Peragallo. — Histoire du microscope composé (1884).

Pringle (Andrew). — Practical photo-micrography. (Scovill, *New-York*, 1891). — 10 sh. 6.

Quekett. — Praktisches Handbuch der Mikroskopie. (*Weimar*, 1854.)

Reichardt und **Sturemberg**. — Lehrbuch der mikroskopischer Photographie. (*Leipzig*, 1868).

Reinicke. — Beiträge zur neuen Mikroskopie. (*Dresden*, 1858.)

Roster. — Manuale di fotomicrografia. (Lœscher e Seeber, *Firenze*, 1892.) — 3 fr.

Stenglein. — Mikrophotographie. (Oppenheim, *Berlin*, 1889.)

Stenglein und **Schultz-Hencke.** — Anleitung zur Ausführung mikrophotographischer Arbeiten. (Oppenheim, *Berlin*, 1887.) — m. 4.

Sternberg. — Photomicrography and how to make them. (*Boston*, 1883.)

Trutat. — Traité élémentaire du microscope.

Tylar. — The Art of photographing microscopic objects. (Tylar, *London*, 1891.)

Viallanes. — Microphotographie. — La photographie appliquée aux études d'anatomie microscopique. (Gauthier-Villars, *Paris*, 1886.) — 2 fr.

Yvon. — Les appareils pour la microphotographie. (Flammarion, *Paris*, 1885.)

Zeiss. — Beschreibung und Gebrauchsanuweisung des neuen Apparates für Mikrophotographie. (Zeiss, *Jena*, 1889.)

32. — STÉRÉOPHOTOGRAPHIE

Ackland. — How to take stereoscope pictures. (Collodio albumin process). (*London*, 1857.)

Bertsch. — Nouveaux appareils photographiques pour le stéréoscope. (Michelet, *Paris*, 1867.)

Blanchère (de la). — Monographie du stéréoscope. (Lieber, *Paris*, 1862.)

Brewster. — Mémoire sur les modifications et perfectionnements apportés au stéréoscope. Traduit de l'anglais. (*Paris*, 1857.)

Chadwich. — The stereoscopic manual. — 1 sh.

Claudet. — De quelques découvertes récentes dans la photographie, la photosculpture et la stéréoscopie. (*Paris*, 1853.)

Claudet. — Du stéréoscope. (*Paris*, 1853.)

Donnadieu. — Traité de photographie stéréoscopique. (Gauthier-Villars, *Paris*, 1892.) — 9 fr.

Fabre-Domergue. — Premiers principes du stéréoscope. (Michelet, *Paris*, 1889.) — 4 fr.

Kreutzer. — Das Stereoscop. (*Wien*, 1856.)

Plucker. — Le stéréographe.

Righi. — Sulla visione stereoscopica. (Soldaini, *Pisa*, 1875.)

33. — CÉRAMOPHOTOGRAPHIE

Chauvigné. — Trattato elementare di decorazione su porcellana. (*Torino*, 1879.)

Chauvigné. — Traité élémentaire de décoration sur porcelaine. (*Paris*, 1878.)

Collière. — Trattato elementare di pittura su porcellana. (*Torino*.)

Collière. — Traité élémentaire de peinture sur porcelaine. (*Paris*.)

Cool (M™ H. de). — Traité de peintures vitrifiables. (Dentu, *Paris*, 1870.) — 1 fr. 50.

Delamardelle. — Leçons de peinture vitrifiable. (*Paris*.)

Delamardelle. — Lezioni di pittura vetrificabile. (*Torino*, 1878.)

Dillay. — Peinture vitrifiable sur porcelaine. (Le Bailly, *Paris*.)

Fossarieu (Lucy de). — Photographie sur faïence, émail et porcelaine. (*Paris*, 1869.)

Gabelle. — Méthode de cuisson pour les peintures vitrifiables. (*Paris*, 1876.)

Gabelle. — Meteodo per cuocere le pitture vetrificabili. (*Torino*, 1877.)

Garin et **Aymard**. — La photographie vitrifiée. (Gauthier-Villars, *Paris*, 1890.) — 1 fr.

Geymet. — Traité pratique des émaux photographiques. (Gauthier-Villars, *Paris*, 1885.) — 5 fr.

Geymet. — Traité pratique de platinotypie sur émail, sur porcelaine et sur verre. (Gauthier-Villars, *Paris*, 1883.) — 2 fr. 25.

Geymet. — Traité pratique de céramique photographique. (Gauthier-Villars, *Paris*, 1885.) — 2 fr. 75.

Geymet. — Héliographie vitrifiable. (Gauthier-Villars, *Paris*, 1889.) — 2 fr. 50.

Geymet et **Alker**. — Emaux photographiques. (Gauthier-Villars, *Paris*, 1872.)

Godard (E.). — Procédés photographiques pour l'application directe sur la porcelaine avec couleurs vitrifiables de dessins, photographies, etc. (Gauthier-Villars, *Paris*, 1888.) — 1 fr.

Godard (E.). — Traité pratique de peinture et dorure sur verre. (Gauthier-Villars, *Paris*, 1885.) — 1 fr. 75.

Guenet. — La décoration de la porcelaine au feu du moufle. (Masson, *Paris*, 1892.)

Hermann (Félix). — Die Glas-Porzellan und Email-Malerei in ihren ganzen Umfangen. — fl. 2,20.

Kampmann (C.). — Dekorirung der Flachglases. (Knapp, *Halle*, 1889.)

Krüger (J.). — Die Photokeramik. (Hartleben, *Wien*, 1879) — fl. 1,35.

Krüger (J.). — Pyrophotographie. Photogrammen auf Porzellan, Email u. dgl. (*Berlin*, 1874.)

Lamboursain. — La barbotine. (Le Bailly, *Paris*.)

Liesegang. — Photographische Schmelzfarbenbilder. — 2 m. 50.

Martin (Anton.). — Email-photographie. (Voigt, *Veimar*, 1872.)

Renauld. — Pittura sullo smalto.

Renauld. — Peinture sur émail.

Riols (De). — L'art de cuire sans moufle. (Le Bailly, *Paris*, 1885.)

Ris-Paquot — Manière de restaurer soi-même les faïences. (Laurens, *Paris*, 1887.)

Ris-Paquot. — Guide pratique du peintre émailleur amateur. (Laurens, *Paris*, 1887.)

Ris-Paquot. — Traité pratique de peinture sur faïence et porcelaine. (Laurens, *Paris*, 1887.)

Ris-Paquot. — La céramique. (Laurens, *Paris*, 1887.)

Salvétat. — Céramique.

Schwier. — Handbuch der Email-Photographie. (*Berlin*, 1885.)

34. — APPLICATIONS DIVERSES

Bertillon. — La photographie judiciaire. (Gauthiers-Villars, *Paris*, 1890.) — 3 fr.

Bertillon. — Instructions signalétiques. (Gauthier-Villars, *Paris*, 1891.)

Bennati. — La fotografia nelle sue applicazioni militari. (Voghera, *Roma*, 1892.)

Batut. — La photographie appliquée à la reproduction du type d'une famille. (Gauthier-Villars, *Paris*, 1887.) — 1 fr. 50.

Bergeret et **Drouin**. — Les récréations photographiques. (Mendel, *Paris*, 1891.) — 6 fr.

Bonomi. — Project of an instrument for the identification of person. (*London*, 1872.)

Crookshank. — Photography of bacteria. (*London*, 1887.)

Davanne. — La photographie appliquée aux sciences. (Gauthier-Villars, *Paris*, 1881.) — 1 fr. 25.

Ducos du Hauron. — Le transformisme en photographie par le pouvoir de deux fentes. (1889.)

Galton. — Inquires in to human faculty. (Macmillan, *London*, 1883.)

34. — APPLICATIONS DIVERSES

Gody. — La photographie appliquée aux arts militaires et aux arts civils. (1890.) — 2 fr. 50.

Hannot. — La photographie dans les armées. (Merzbach, *Bruxelles*, 1876.)

Konkoly (Von Nicolaus). — Practische Anleitung zur Himmelsphotographie. (Knapp, *Halle*, 1887.) — 12 m.

Le Bon. — L'anatomie et l'histologie par projections. (*Paris*, 1873.)

Londe. — La photographie dans les Arts, les Sciences et l'Industrie. (Gauthier-Villars, *Paris*, 1888.) — 1 fr. 50.

Londe. — La photographie appliquée aux sciences médicales et physiologiques. (Gauthier-Villars, *Paris*, 1893.) — 9 fr.

Marey. — Développement de la méthode graphique par l'emploi de la photographie.

Marey. — La méthode graphique dans les sciences expérimentales. (Masson, *Paris*, 1878.)

Mouchez (Amiral). — La photographie astronomique à l'observatoire de Paris et la carte du Ciel. (Gauthier-Villars, *Paris*, 1887.) — 3 fr. 50.

Nadar. — Mémoires du Géant. (*Paris*, 1864.)

Ottin (L.). — L'art de faire un vitrail. (Laurens, *Paris*, 1892.)

Peragallo. — La photographie appliquée à l'histoire naturelle.

Pierre Petit (Fils). — La photographie industrielle. (Gauthier-Villars, *Paris*, 1883.) — 2 fr. 25.

Radau. — La photographie et ses applications scientifiques. (Gauthier-Villars, 1878.) — 1 fr. 75.

Roux (V.). — Traité pratique de photographie décorative appliquée aux arts industrielles. (Gauthier-Villars, *Paris*, 1887.) — 1 fr. 25.

Forel. — Expériences photographiques sur la pénétration de la lumière dans les eaux du lac Léman. (*Genève*, 1889.)

Stein (Sigmund-Theodor). — Das Licht im Dienste wissenschaftlicher Forschung. (Knapp, *Halle*, 1884-85-88.) — 25 m. 50.

Steiner (Friedrich). — Die Photographie im Dienste der Ingenieur. (Lechner, *Vien*, 1891.)

Talbot. — Die Benutzung der Photographie zu wissenschaftlichen und technischen Zwecken. (*Berlin*, 1887.)

Tissandier (G.). — La photographie en ballon. (Gauthier-Villars, *Paris*, 1886.) — 2 fr. 25.

Trutat. — La photographie appliquée à l'histoire naturelle. (Gauthier-Villars, *Paris*, 1884.) — 4 fr. 50.

Trutat. — La photographie appliquée à l'archéologie. (Gauthier-Villars, *Paris*, 1879.) — 2 fr. 50.

Vidal. — La photographie et les reproductions industrielles. (Gauthier-Villars, *Paris*, 1883.)

Vidal. — Cours de reproductions industrielles. (Gauthier-Villars, *Paris*, 1888.) — 3 fr. 50.
Wheeler (O.-E.). — Military photography. (Iliffe, *London*, 1892.) — 1 sc. 6.

35. — MATÉRIEL

Buehler. — Atelier und Apparate der Photographen. (Voigt, *Weimar*, 1872.)
Candèze. — Le scénographe. (*Paris*, 1874.)
Darier. — Manuel de l'escopette. (Darier, *Genève*, 1890.)
Deyrolle. — Scénographe et polygraphe. (Deyrolle, *Paris*, 1878.)
Kruger. — Der Apparat der Photographen. (*Leipzig*, 1859.)
Lainer. — Anleitung zur Laboratoriumsarbeiten. (Knapp, *Halle*, 1892.) -- 3 m.
Liesegang (P.-E.). — Der photographische Apparat. (Liesegang, *Düsseldorf*, 1891.)
Villemain. — La photographie et l'appareil Dubroni.
* **Manuel du Kodak**.
* **Manuel de photographie avec le photosphère**.

36. — LÉGISLATION

Bigeon. — La photographie devant la loi et la jurisprudence. (Société d'Editions scientifiques, *Paris*, 1892.)
Brogi. — Sulla proprieta letteraria delle fotografie. (*Firenze*, 1885.)
Brogi. — In proposito della protezione legale delle fotografie. (Bencini, *Roma*, 1885.)
Bulloz (E.) et **Darras** (A.). — La propriété photographique et la loi française. (Gauthier-Villars, *Paris*, 1890.) — 1 fr.
Ferrari e **Zambellini**. — Principes et limites de la protection légale due aux produits photographiques. (Hoepli, *Milano*, 1892.)
Gargiulo (Avv.-F.-A.). — Della proprietà fotografica. (Artero, *Roma*, 1892.)
Giesen. — La photographie au point de vue juridique. (*Bruxelles*, 1891.)
Grünewald. — Urheberrecht auf dem Gebiete der bildenden Kunst und Photographie. (Liesegang, *Düsseldorf*, 1889.)
Riston (Victor). — La photographie et l'espionnage devant la loi. (Extrait du Photo-Journal, *Paris*, 1891.)

Sauvel. — Des œuvres photographiques et de la protection légale à laquelle elles ont droit. (Gauthier-Villars, *Paris*, 1880.) — 1 fr. 50.

Wauwermans. — La photographie devant les tribunaux. (*Bruxelles*, 1892.)

37. — DOCUMENTS

Réunion du Comité international, permanent pour l'exécution de la *carte* photographique *du ciel.* (Gauthier-Villars, *Paris*, 1889.)

Congrès international de photographie. — Rapports et documents. (1889.) — Rapport général de la commission permanente. (1891.) (*Soc. franç. de phot.*) — 7 fr. 50.

Procès-verbaux et résolutions du Congrès de 1889. — (Imprimerie nationale, *Paris*, 1889.)

Deuxième Session, Bruxelles, 1891. — (Lefèvre, *Bruxelles*, 1892.) — 2 fr. 50.

Rapport général de la Commission permanente du Congrès de 1889. — (Gauthier-Villars, *Paris*, 1891.) — 2 fr. 50.

Sébert. — Vérification des objets et appareils, d'après les résolutions du Congrès de 1889. (Gauthier-Villars, *Paris*, 1891.)

Vœux, résolutions et documents des Congrès de 1889 et 1891. (Gauthier-Villars, *Paris*, 1892.)

Recueil des mémoires, rapports et documents relatifs au *passage de Vénus* sur le Soleil.

38. — ANNUAIRES

Adams. — Photographic annual. (Adams, *London*, 1891.)

Antony. — International annuary of photography. (*New-York*, 1890.)

Bolas's Photographic Annual.

Buguet (Abel). — Annuaire de la photographie. (Société d'Éditions scientifiques, *Paris*, 1892.) — 2 fr. 50.

Canfield — The american annual of photography and photographic times almanach. (*New-York*, 1891.)

Davanne. — Annuaire photographique. (Gauthier-Villars, *Paris*, 1868.) — 2 fr. 25.

Eder (Dr J.-M.). — Jarhbuch für Photographie und Reproductionstechnik. (W. Knapp, à *Halle*, 1887-1892.) — 8 m.

39. — DIVERS

Harrisson (Jer.) and **Elliott** (A.-H.). — The international annual of Antony's photographic Bulletin. (Antony, *New-York*. 1891-92.)

Le Roux (Max). — Annuaire général de la Photographie. (Plon, *Paris*, 1892.) — 4 fr. 50.

Liesegang — Photographischer Almanach und Kalender (Liesegang, *Düsseldorf*, 1891.)

Marnean's. — Fotographic-Kalender. (*Wien*, 1864.)

Miethe (D' A.). — Taschen Kalender für Amateur-Photographen. (Mückenberger, *Berlin*, 1891.)

Miethe. — Amateur-Kalender. (*Düsseldorf*.) — 3 m.

Schwier (K.). — Deutscher Photographen-Kalender und Almanach. (Deut. phot. Zeitung, *Weimar*, 1891.)

Sturmey (Henry). — Photography Annual (Iliffe, *London*, 1891.) — 2 sh.

Taylor Traill (J.) — The British Journal almanac and photographers Daily Companion. (Greenwood, *London*, 1891.) — 1 sh.

Adress Hanbduch Allg. aus. den Photographen von Deutschland, Oesterreich, Schweiz, etc. (*Leipzig*, 1850.)

Almanacco del fotografo. (*Milano*, 1868.)

Amateur photographer's Annual. (Hazell, *London*.)

Annuaire-Formulaire de la Société des amateurs photographes. (*Paris*, 1892.) — 1 fr.

International annual of Antony's photographic bulletin. (Iliffe, *London*.) — 2 sh.

Phothographischer Jarbuch. (*Wien*.)

Photography annual. — (Iliffe, London.)

The photographer's diary and deck book. (*London*.)

The practical photographic almanac. (Scovill, *New-York*.) — 0,25.

The Bear-Yook of photography and Photographic News almanac (Piper and Carter, *London*, 1891.) — 1 sh.

39. — DIVERS

Abercromby. — Instructions for observing clouds.(*London*, 1888.)

Alfen. — Tidende for fotografien inorden. (1868-78.)

Bachrach. — Expose of photographics bandsetz. (*Baltimore*, 1879.)

Bahr. — Der Nebelbilder apparat. (*Leipzig*, 1875.)

Baldus. — Mémoire pour le concours photographique. (*Paris*, 1852.)

Beleurgey de Raymond. — Causeries pour les débutants. (*Paris*, 1891.) — fr. 1,50.

Belloc. — Causeries photographiques. (Lieber, *Paris*, 1861.)

Boudet de Paris. — La photographie sans appareils. (Doin, *Paris*, 1886.)

Buguet et **Gioppi.** — La bibliothèque du photographe. (*Société d'Éditions scientifiques*, Paris, 1891.) — 2 fr.

Burton and **Heigway.** — Handbook of photographic terms.

Carey Lea. — Photographics mosaics. (*London*, 1866.)

Chable (E.). — Les travaux de l'amateur photographe en hiver. (Gauthier-Villars, *Paris*, 1891.) — 3 fr.

Chable (E.). — Die Arbeiten des Amateur-Photographen in Winter. (*Neufchâtel*, 1892.)

Chevalier (Ch.). — Mélanges photographiques. (*Paris*, 1844.)

Chevalier (A.). — Recueil de mémoires et procédés nouveaux sur la photographie. (*Paris*, 1847.)

Chevalier (C.). — Méthodes photographiques perfectionnées. (*Paris*, 1859.)

Cockney. — Trip to the great Sahara with a Camera. (Piper and Carter, *London*.)

Cserey (L.). — Az Arcz-éstaj kép fotografia. (*Szek-fehèrvar*, 1884.)

Davie (D.-D.-T.). — Secrets of the dark chamber. (Scovill, *New-York*.) — 0 fr. 50.

Dumoulin. — La photographie sans laboratoire. (Gauthier-Villars, *Paris*, 1886.) — 1 fr. 50.

Elsden (Vincent). — Traité de météorologie à l'usage des photographes, traduit par Colard. (Gauthier-Villars, *Paris*, 1888.) — 3 fr. 50.

Fény-Képészeti-Kozlony. — Havi folyoirat scerk Halasz. (*Budapest*, 1886-87.)

Fény-Képészeti-Lapok. — Havi Koezloeny scerk. (Veress, *Kolosso*, 1882.)

Ferber. — Der Rond und Bogensatz.

Fischer. — Anleitung zum Accident-sätz.

Fleury-Hermagis et **Rossignol.** — Traité des excursions photographiques. (*Société d'Éditions scientifiques*, Paris, 1889.) — 6 fr.

Fossarieu (Lucy de). — Manuel bibliographique du photographe.

Haug. — Das Lichtpaus-Verfahren.

Heighway (Wiliam). — Handbook of photographic terms. (Piper et Carter, *London*, 1891.)

Hepworth (T.-C.). — Les travaux du soir de l'amateur photographe, traduit par KLARY. (*Société d'Éditions scientifiques, Paris*, 1892.) — 4 fr.

Hopkins. — Experimental science. (Scovill, *New-York*.)

Husnick (J.). — Das Gesammtgebiet des Lichtdruckes der Photographie. (Hartleben *Berlin*, 1885.) — fl. 2,20.

Kramer. — Schule der Photographie. (*Wien*, 1885.)

Krause. — Das Ganze der Pannotypie. (1858.)

Lamperrière-Le Doyen. — Les mystères de la photographie dévoilés.

Laurent. — Die photographie in einer Nuss. (Voigt, *Weimar*, 1872.)

Leaper. — Photography for fun (Iliffe, *London*, 1889.)

Le Grice. — Erfahrungen auf dem Gebiete der praktischen Photographie (*Aachen*, 1857.)

Liesegang (R.). — Die probleme der Gegenwart. (Liesegang, *Düsseldorf*, 1891.)

Liesegang. — Die modernen Lichtpaus-Verfahren. (1884.)

Liesegang. — Beiträge zum Problem des electrischen Fernsehens. (Liesegang, *Düsseldorf*, 1892.) — 3 m.

Maltitz (A.). — Von Photographie und Vergeltung. (*Weimar*, 1865.)

Markl (A.). — Fotografie nynejsi doly. (*Prague*, 1863.)

Meddelelser. — Fotografiske udgiget af Manfeld-Buellnern. (*Lassen*, 1872-77.)

Mendoza. — La photographie la nuit. (Gauthier-Villars, *Paris*, 1892.) — 1 fr. 25.

Napias. — Sanitary hints to photographers. (*London*.)

Niepce de Saint-Victor. — Recherches photographiques. (1855.)

Ninet-Brandley. — La clef de la photographie. (*Paris*.)

Percy Lund. — Photographic litterature. (Percy Lund, *Bradford*, 1891.)

Portae. — Magiae naturalis libri XX. (*Hannover*, 1819.)

Pricam. — La photographie suisse à l'Exposition universelle de Paris, 1889. (*Neuchâtel*, 1890.)

Ingles Rogers (W.). — A casket of photographic gems. (Piper and Carter. *London* 1891.) — 1 sh.

Schnauss (D^r). — Photographischer Zeitvertreib. (Liesegang, *Düsseldorf*, 1890.) — 2 m.

Schnauss (Hermann). — Photographic pastimes. (Iliffe, *London*, 1891.) — 1 sh.

Schuberth. — Das Lichtpaus-Verfahren. (Hartleben, *Wien*, 1883.) — fl. 0,80.

Stein. — Die photographie der Töne. (*Berlin*, 1876.)

Stevens — Photo-bibliography. (*London*, 1878.)

Towler. — The Silver Sunbeam. (*London*, 1864.)

Vallot. — Conférences de la Société d'excursions des amateurs de photographie. (*Paris*, 1889.)

Veillas (l'abbé A.). — La photographie des photographies. (Guyot, *Pierre-par-Toul*, 1891.)

Vidal (Léon). — La photographie à l'Exposition de 1889. (Gauthier-Villars, *Paris*, 1891.) — 2 fr.

Vogel. — Aus der neuen Herenbrücke. (Oppenheim, *Berlin*.)

Waldow. — Der Lehrer von Accident-sätz.

Weiske. — Handbuch des Pannotypisten. (*Leipzig*, 1859.)

Wenck (J.). — Physik m. Rücks, ihrer Anwend. auf d. Technik. (*Leipzig*, 1851.)

* **Competitive Papers on Photography.** (Hazell, *Londres*.)
* **Heam's practical Printer.**
* **Hints to Sitters**
* « **The kernel** » — Photography in a Nutshell. (Iliffe, *London*. — 1 sh.
* **Photographica. Kunstblaetter zur illustrirung photographischer Verfahren :**
I. Photoxylographie. — II. Moderne photomekanische Verfahren. — III. — Heliogravure und Photo-cuprotypie. — IV. Platinotypie.
* **Photographic Answers.** (Wall, *London*, 1890.)

40. — JOURNAUX PHOTOGRAPHIQUES

En allemand, in tedesco, Deutsche, german

Der Amateur-Photograph. (Liesegang, *Düsseldorf*.) Mens., 5 m.

Deutsche Photographen Zeitung. — Dir. Schwier. (*Weimar*).

Die Laterna magica. (Liesegang, *Düsseldorf*.) Trimestriel, 3 m.

Das Licht. (*Berlin*, 1869-73.)

Neuheiten in Photographie. (Romain Talbot, *Berlin*.) Mensuel, 3 m.

Die Photographie. (Wahring, *Wien*.)

Photographisches Archiv.(Liesegang,*Düsseldorf*.) Bi-mens.,3m.

Photographischer Beobachter. (*Guben*.)

Photographische Correspondenz. — Dir. J.-M. Eder, R. C. Dr Schranck. (*Wien*.) — 12 m.

Photographische Mittheilungen. — R. C. D‍ʳ H.-W. Vogel. (Oppenheim, *Berlin.*) — 12 m.
Photographische Monatsblatt — Dir. Bollmann. (*Braunschweig.* 18 2-65.)
Photographische Nachrichten. (*Berlin.*)
Photographische Notizen. — R. C. Schierer. (*Wien.*) — 4 fl.
Photographische Rundschau — R. : Charles Scolik et Carl Srna. (*Wien.*)
Photographische Wochenblatt. (*Berlin.*) — 2 m.
Zeitschrift für Photographie und Stereoscopie. K.-J. Kreutzer. (*Wien*, 1860.)

En anglais, inglese, english, englisch

The Amateur photographer. — Dir. C.-W. Hastings. (*London.*)
American Journal of photography. — Dir. H.-Mc. Collin. 1030 Arch. Street. (*Philadelphia.*)
Antony's photographic Bulletin. (591 Broadway, *New-York city.*) Mensuel. 3 dol.
Antony's International Bulletin. (Antony, *New-York.*)
The Beacon. — (The Beacon publishing Company Tribune Building, *Chicago*, Ill. U. S. A.) — Mensuel. 1 fr. 50
The British Journal of Photography. — Dir. H. Greenwood. (2, York street, Covent Garden, *London.*)
The Camera. — (15, Bedford street, Covent Garden, *London.*)
The Charterhouse photographic Journal. — (*London.*)
Fifty Year's Photography. — Dir. W. Lang.
The Journal of the Camera Club. — (Charing cross Road, *London*, W. C.). — Mensuel, 12 sh.
The Journal and Transactions of the Photographic Society of Great Britain. (Harrisson, 59 Pall Mall, *London.*) — Mensuel.
The Journal of the photographic Society of India. (*Calcutta.*) — Mensuel, 12 fr.
Monthley Review. — (*London.*)
The Optician. — (Head offices: 78, Fleet Street. *London*, E. C.).
The Optical Magic Lantern Journal and photographic Enlarger. — (Woodford, Fawcett et Cᵢₑ, *London.*) — Mensuel.
Outing. — (*New-York*) — Mensuel.
Pacific Coast Amateur Photographer. — (*San-Francisco.*)
The Philadelphia photographer. — (*New-York.*)

The Photographer's Wordl. Ilkley. — (Percy-Lund, *Ilkley*, Yorkshire.)

Photographic Answers. — (*London.*)

The photographic Art Journal.

The photographic Bulletin. — (*Calcutta.*)

The photographic Eye. — C. Gentilé. (81, State street, *Chicago*, Ill, U. S. A.)

The photographic Globe. — (*New-York.*)

The photographic Herald. — (*New-York.*)

The Photographic News. — (Piper et Carter, 5, Furnival Street, Holborn, *London*, E. C.) — Hebdomadaire, 6 sh. 4 d.

The Photographic Quaterly. — Dir. Charles W. HASTINGS. (22, Buckingham Street, Adelphi, *London*, W. C.)

Photographic Reporter. — Dir. Charles W. HASTINGS. (22, Buckingham Street, Adelphi, *London*, W. C.)

The photographic Review. — Dir. Thomas BOLAS. (*London.*)

Photographic review of reviews. — (Welford, *Birmingham.*) — 6 fr.

The photographic Times and american Photographer. — (Scovill et Adams, 423, Broome Street, *New-York*.) — 5 dol.

Photographic Work. — (Piper et Carter, *London*, 1892.)

Photography. — (Ilife and Son, *London.*) — Mensuel, 6 sh. 6 d.

Practical photographer. — (18 et 20, St-John's Street, *Bradford*. — Mensuel.

Proceedings of the Glasgow photographic Association. (J. Lenox, 6, Armadale Street, *Glasgow.*)

The Saint-Louis and Canadian photographer. — Fitzgibbon-Clark. (2 700, Pine Street, *Saint-Louis*, U. O.) — Mensuel. 3.

Science of photography. — (*Philadelphia.*)

Transactions of the Edinburg Photographic Society. — (Mitchel, 20, George Street, *Edinburg.*)

Wilson's photographic Magazine. — (E.-L. Wilson, 853, Broadway, *New-York.*) — Mensuel.

En danois, danese, dane, däne

Fotografiske Meddelesse. — (Mens.) (Mansfeld et Larsen à *Copenhague.*)

Beretninger fra Dansk Fotografisk Forening. — (J. Petersen, Ostergade, 34, *Copenhague.*)

40. — JOURNAUX ESPAGNOLS, FINLANDAIS, FRANÇAIS

En espagnol, spagnuolo, spaniard, spanisch

Boletin de la Sociedad fotografica Argentina de aficionados. — (Buenos-Ayres.)
Bolletin fotografico. — (Avana.)
La fotografia. — (Barcelone.)
Las Novedades fotograficas. — (Bilbao.)
Revista fotográfica. — (Barcelona.)

En finlandais, finlandese, finland, finnland

Cameran. — (Hamfeld et Stahlber, Helsingfors.)

En français, francese, french, französisch

L'amateur d'excursions. — Dir. FLEURY-HERMAGIS. (Paris, 1892.) — Mensuel. 3 fr.
L'amateur photographe. — (4 rue Antoine-Dubois, Paris.) — 11 fr.
Les annales photographiques. — (Comptoir général de photographie, Paris. 1889.) — Mensuel, 3 fr.
Bulletin de l'association belge de photographie. — (Bruxelles, 1873.) — Mensuel. 25 fr.
Bulletin du Comité international permanent pour l'exécution photographique de la carte du ciel. — (Gauthier-Villars, Paris.)
Bulletin du Photo-Club de Paris. — (4 rue Antoine-Dubois, Paris, 1891.) — Mensuel. 12 fr.
Bulletin de la Société Caennaise de photographie. — (Caen, 1891.) — Mensuel. 6 fr.
Bulletin de la Société dauphinoise d'amateurs photographes. — (Grenoble, 1892.)
Bulletin de la Société des employés photographes. — (Paris, 1892.)
Bulletin de la Société française de photographie. — (76, rue des Petits-Champs, Paris, 1855.) — Bi-mensuel. — 15 fr.
Bulletin de la Société nantaise de photographie. — (Nantes.)

Bulletin de la Société photographique du nord de la France. (*Douai*, 1886.) — Mensuel. — 6 fr.

Bulletin de la Société versaillaise de photographie. — (*Versailles.*)

L'Héliochromie. — (rue des Archives, 68, *Paris*, 1891.) — Mensuel. — 6 fr.

Hélios. — (103, boulv. de la Senne, *Bruxelles*, 1890.) — Bi-mensuel. — 6 fr.

Indicateur photographique (l'). — (Georges Mendel, *Paris*, 1892.) — Mensuel. — 1 fr.

Journal de l'industrie photographique. — (Gauthier-Villars, *Paris*, 1879.) — Mensuel. — 7 fr.

Journal de la photographie appliquée aux sciences d'observation. — (*Paris.*)

Journal des Sociétés photographiques. — Dir. Paul GERS, R. Abel BUGUET. — (22, rue Vivienne, *Paris*, 1890.) — Mensuel. — 5 fr.

Lille-Photographe. — Bulletin trimestriel de la Société photographique de *Lille*. — (1892.)

Le Moniteur de la Photographie. — (13, quai Voltaire, *Paris*, 1861.) — Bi-mensuel. — 16 fr.

L'Objectif. — (154, rue Lafayette, *Paris*, 1892.) — Bi-mensuel. — 3 fr.

Paris-Photographe. — (Office général de photographie, *Paris*, 1891.) — Mensuel. — 25 fr.

La Photographie. — (91, rue de Seine, *Paris*, 1892). — Mensuel. — 6 fr.

La Photographie française. — (Chambre syndicale des fournisseurs, *Paris*, 1890.) — Mensuel. — 6 fr.

Photo-Gazette. — R. C. MARESCHAL. — (Comptoir de photographie, *Paris*, 1891.) — Mensuel. — 7 fr.

La photographie hippique. — (Delton, *Paris*, 1892.) — Mensuel. — 3 fr.

Photo-Journal, *Revue universelle illustrée.* — Dir. Paul GERS, R. C. Abel BUGUET.) (22, rue Vivienne, *Paris*, 1891.) — Mensuel. — 10 fr.

Photo-Revue. — (Mendel, *Paris*, 1889.). — Mensuel. — 1 fr.

Le progrès photographique. — Dir. WULF. (Photo-Comptoir, *Paris*, 1883.) — Mensuel. — 6 fr.

Revue mensuelle des nouveautés photographiques. — (Maison D. Tissandier, *Paris*, 1890.)

Revue de Photographie. — (Comptoir suisse de photographie, *Genève*, 1888.) — Mensuel. — 6 fr.

40. — JOURNAUX HOLLANDAIS, HONGROIS, ETC.

Revue photographique. — (*Paris*, 1855-1865.)
Revue photographique. — (8, boulev. des Italiens, *Paris*.)
Revue photographique. — R. C. LETELLIER. — (*Le Havre*.)
La Science photographique. — (14, rue de Castiglione, *Paris*, 1890). — Mensuel. — 6 fr.
Vulgarisateur de la photographie (Le). — (Maison de la photographie vulgarisatrice, *Paris*, 1892.) — Bi-mensuel. — 3 fr.

En hollandais, olandese, hollander, holländisch

Fotografisch Maandblad. — (*Amsterdam*).
De Navorscher of de Gebied der photographie. — (Shaarwaecher, *Amsterdam*).
Tijdschrift voor photographie. — (de Erven F. Bohn, *Haarlem*.)

En hongrois, unghesere, hungarian, ungarisch

Zéngképészeti Capok. — (*Budapest*).

En italien, italiano, italian, italienisch

Bulletino della Società fotografica italiana. — (*Firenze*, Via del Giglio, 11.1839.) — Mensuel. Per i soli Soci.
Bolletino dell' Associazione degli amatori di fotografia in Roma. — (Pª di Pietra, *Roma*, 1889.) — Bi-mestra. — 5 fr.
Giornale di fotografia. — (Weintraub, *Salerno*, 1868.)
Il dilettante di fotografia. — Dir. GIOPPI. (11, S. Radegonda, *Milano*, 1890.) — Mensuel. — 3 fr.
La Camera oscura. — Dir. BORLINETTO. (Prato, *Firenze*, 1882.) 8 fr.
L'archivio fotografico. — (Liesegang e Imperatori, *Milano*, 1889.)
Rivista fotografica universale. — (Montagna, *Brindisi*, 1870.)
Rivista fotografica. — (*Napoli*, 1891.) — Mensuel. — 2 fr. 50.
Rivista scientifica ed artistica di fotografia. — (Società fotografica di Milano. — 30, via principe Umberto, *Milano*, 1892.) — Mensuel. — 10 fr.

En japonais, giapponese, japanese, japanisch

Sashin Shimpo. — (Kobikicho 4, soth street, *Tôkyô*.) Dir. W. Burton.

40. — JOURNAUX RUSSES, FRANÇAIS

En portugais, portoghese, portuguese, portugiesich

A Arte photographica. — (Cirne, 1, rua da Picaria. *Porto*).
Boletin do Gremio Portuguez de Amadores photographicos. — (6, rua Ivens. *Lisboa*).

En russe, russo, russian, russisch

Le photographe amateur. — R. C. A.-M. de LAVROFF (77, Ekaterinski-canal, *Saint-Pétersbourg*.)
Photogrophitcheski Westnick. — R. C. OLCHIN. (Saenger, éditeur. *Saint-Pétersbourg*.) — Mensuel.

JOURNAUX EN FRANÇAIS FAISANT UNE PLACE A LA PHOTOGRAPHIE

Bulletin du Club alpin français. — (30, rue du Bac, *Paris*.) — Mensuel.
Journal de micrographie. — (Dir. PELLETAN, *Paris*, 1875.) — Mensuel. — 25 fr.
Journal de Physique, Chimie et Histoire naturelle élémentaires. — Dir. Abel BUGUET. — (*La Flèche*, Sarthe, 1886). — Mensuel. — 10 fr.
La Nature. — (Masson, *Paris*.) — Hebdomadaire. — 20 fr.
Revue générale des Sciences — Dir. L. OLIVIER. (G. Carré, *Paris*, 1890.) — Bi-mensuel. — 18 fr.
Revue des Sports. — Dir. DE KNIFF. (21, rue Croix-des-Petits-Champs, *Paris*.) — Hebdomadaire. — 12 fr.
Revue universelle des inventions nouvelles. — Dir. H. FARJAS. (rue de la Chaussée-d'Antin, *Paris*.) — Mensuel.
Science et commerce. — (24, rue Poissonnière, *Paris*, 1891.) — Bi-mensuel. — 12 fr.
La Science en famille. — (Mendel, *Paris*.) — Bi-mensuel. — 8 fr.
La Science illustrée. — Dir. L. FIGUIER. (Librairie illustrée, *Paris*.) — Hebdomadaire. — 12 fr.
La Science moderne. — R. C. BRUNEL. (Tignol, *Paris*, 1891.) — Hebdomadaire. — 10 fr.

LISTE DES AUTEURS

Elenco degli autori. — List of authors. — Liste der Verfassern. — Lista de los autores

Les numéros renvoient aux chapitres de la *liste méthodique*.
I numeri si riferiscono ai capitoli dell'elenco metodico.
Die Kapitelsnummer beziehen sich zur Methodische Liste.
The numbres refer to chapters of the index.
Para los nombres vejase los capitulos de la lista metódica.

A

Abbe	31
Abercromby	39
Abney	2, 3, 4, 5, 8, 9, 15
Achaintre	26
Ackland	32
Adams	3, 38
Agle	29
Albert	25
Albinus	12
Alfen	39
Algeyer	4
Alker	33
Allongé	23
Alophe	8
Altishoffer	3
Anderson	11
Angerer	4, 25
Antony	38
Arago	12
Arnold	11, 23
Askmann	3
Aubert	21
Aubrée	3
Audoin	7
Audra	15
Auer	4
Auxerre	3
Aymard	33
Ayres	24
Ayry	9

B

Bachrach	39
Baden-Pritchard	11
Bahr	39
Baillet	4
Balagny	15, 19
Baldus	39
Barhydt	24
Barnes	13
Barreswil	3, 4, 10
Bascher	15
Batut	30, 34
Bancroft	9
Baxter	2
Beale	31
Bech	23
Beck	9
Becquerel	9
Behrens	31
Beleurgey de Raymond	5, 20, 39
Bellingard	21
Belloc (A.)	2, 3, 4, 13, 32
Belloc (G.)	9
Beneeke	31
Benedict	24
Bennati	34
Bergeret	34
Berget	16
Bernard	25
Berthier	19
Bertillon	34

Bertrand ... 7
Bertsch ... 13, 27, 32
Bettini ... 2
Bezold ... 24
Bigelow ... 11
Bigeon ... 36
Billet ... 9
Billotti ... 9
Bingham ... 11
Bizzarri ... 4, 13
Blanchère (de la) ... 1, 5, 11, 32
Blanquart-Évrard ... 8, 11, 13
Blin ... 24
Boehm ... 27, 31
Boivin ... 13
Bolas ... 26, 38, 40
Bollmann ... 3, 13, 40
Bollmann ... 13
Bolton ... 4
Bonacini ... 16
Bonnet ... 25
Bonomi ... 34
Bonsfield ... 31
Bool ... 24
Bordet ... 3
Borlinetto ... 2, 8, 10, 21, 25
Bornecque ... 30
Bothamley ... 4, 28
Boudet de Paris ... 39
Bourgeois ... 7
Bourgougnou ... 19
Brandt ... 16
Brébisson (de) ... 13
Brewster ... 32
Bride ... 4, 31
Brioschi ... 4
Brogi ... 36
Bry ... 25
Buehler ... 7, 28, 35
Bucquet ... 7
Buguet ... 1, 4, 5, 7, 8, 9, 18, 38, 39, 40
Bulloz ... 36
Burbank ... 15, 25
Burger ... 6
Burgess ... 4, 13, 15
Burnett ... 11
Buron ... 12
Burton ... 3, 5, 9, 11, 18, 25, 31, 39, 40
Bussigues ... 1

C

Cabdy-Ponting ... 7
Cadwich ... 28
Calmette ... 16
Candèze ... 35
Canfield ... 38
Capranica ... 31
Carey Lea ... 39
Carpenter ... 31
Cassan ... 19
Castellani ... 5
Cazin ... 9
Chable ... 39
Chadwich ... 32
Chapel d'Espinassoux (de) ... 18
Chapman ... 5, 10
Chardon ... 15
Charpentier ... 9
Chastaing ... 10
Chauvigné ... 33
Chevalier (A.) ... 4, 5, 13, 31, 39
Chevalier (C.) ... 5, 7, 12, 13, 27, 39
Chevreul ... 9
Cheysson ... 22
Clark ... 19, 20
Claudet ... 9, 32
Clément ... 18
Clerville ... 25
Cockney ... 39
Coco ... 13
Coddington ... 9
Colas ... 12
Collière ... 33
Colson ... 9, 22
Constant (de) ... 13
Conti ... 7
Cool ... 33
Cordeaux-Thompson ... 7
Cordier ... 7
Coupé ... 28
Couppier ... 13
Courten (de) ... 13
Couvreur ... 31
Crookes ... 13, 23
Crookshank ... 34
Croullebois ... 9
Crova ... 9
Cserey ... 39
Cull ... 8
Czapski ... 9

LISTE DES AUTEURS

D

Dagron	27
Daguerre	12
Dallmeyer	9
Dammer	10
Darier	35
Darras	36
Davanne	2, 3, 4, 8, 10, 20, 38
David	4, 5, 7, 15, 16, 29
Davie	39
Dawson	1
Delaborde	25
Delamardelle	33
Delestre	2
Demeny	11
Derosne	4
Despaquis	21
Deyrolle	35
Diaz-Pinez	4
Dillay	33
Dillaye	3
Dippel	31
Disderi	11, 24
Divine	7
Dolbear	28
Donnadieu	32
Donald	15
Dormoy	24
Doyen	25
Draper	9
Dresser	27, 28
Drouin	14, 34
Duboscq	13
Ducasse	23
Duchochois	11, 20
Ducos du Hauron	16, 26, 34
Dujardin	31
Dumoulin	5, 13, 16, 39
Duroni	4
Dussauce	13

E

Eder	2, 7, 10, 15, 17, 19, 29, 38, 40
Edward	4
Egasse	4
Elliot	38
Elsden	39
Emerson	11
Ermann	4
Ernauf	8
Estabrooke	11, 14
Ettinghausen	22

F

Fabre	1, 7, 15
Fabre-Domergue	4, 32
Falke-Eder	11
Faller	4
Fau	13
Fayel	31
Fényképeszeti-Lapok	39
Ferber	39
Ferrari	36
Ferraris	9
Ferret	25
Figuier	8
Finsterwalder	30
Fisch	23
Fischer	10, 24, 39
Fleury-Hermagis	11, 39, 40
Fol	29
Forestier	7
Fortier	25
Fossarieu (de)	33, 39
Foucault	31
Fouque	8
Fourtier	3, 7, 10, 28
Francotte	31
Franke	25
Frankel	31
Friedländer	31
Friedlein	26
Fritsch	6
Fritz	4

G

Gabelle	33
Gaedike	17
Galton	34
Ganichot	10, 23
Garbini	31
Gargiulo	36
Gariel	9
Garin	33
Garnier	28
Gaudin	3, 4, 7, 12
Gauthier-Villars	14
Gele (van)	15
Geo	24
Geoffray	15, 20

LISTE DES AUTEURS

Gerlach	31
Geymet	3, 15, 20, 25, 33
Ghie	4
Gibon	24
Giesen	36
Gioppi	1, 2, 3, 15, 39, 40
Girard	20, 30, 31
Giraud-Teulon	9
Giuliani	2
Glazenbook	3
Godard	7, 13, 33
Godon	24
Gody	34
Goerz	4
Gorella	30
Gossin	3
Golz	9
Goupil	11, 24
Grasshoff	23
Grassi	16
Grice	7
Griffith	31
Gros	14, 24
Grünewald	36
Guébard	9
Guenez	33
Guerrini	15
Guichard	24
Guillot-Saguez	13
Guiton	29

H

Haenlein	4
Hager	31
Haley	12
Halleur	11
Hamard	13
Hammans	25
Hanau	7
Hannot	3, 15, 34
Hans	25
Hardwich	10
Hardy	13
Harrison	4, 8, 30, 38
Hart	4
Harting	31
Haschek	9
Hauer	31
Haug	39
Haugk	7
Hauser	23

Hearn	11
Heighway	11, 25, 39
Heinlein	4
Heller	31
Helmholz	9
Hepworth	4, 28, 39
Hering	25
Herling	13
Hermagis	25
Hermann	33
Herschell	9
Heurch (van)	31
Hockin	5, 13
Hodges	27, 28
Hogg	4
Holmann	31
Holmes	7
Holtof	17
Hopkins	39
Huberson	7, 13, 14, 31
Hubert	23
Hübl	20, 30
Huggins	9
Hughes	3
Humphrey	12, 13, 31
Hunt	2, 4, 9
Husnik	25, 39
Hutinet	4

I

Imperatori	20
Isermann	25

J

Jacob	7, 19
Jadanza	9
Jaffé	25
Jankovich	15, 20
Janssen	9
Jaussen	5, 11, 15, 23
Jennings	28, 31
Jeserich	31
Johnson	23
Joly	3
Jouan	7
Jouart	30
Jouin	11
Just	20

LISTE DES AUTEURS

K

Kaestner	9
Kampmann	33
Kayser	17, 25
Kemble	11
Kemp	13
Ken	8
Kenett	15
Klary	4, 11, 17, 20, 23, 24
Kleffel	4, 5
Konewka	8
Konkoly (Von)	9, 19, 34
Koppe	30
Kopske	23
Kossel	31
Kramer	39
Krause	39
Kreidel	4
Kreutzer	8, 18, 32, 39, 40
Krippendorf	28
Krone	9
Krüger	2, 4, 25, 33, 35
Kune	10
Kunisch	7

L

La Baume-Pluvinel (de)	10, 18, 19
Lacan	11
Lafollye (de)	27
Lainer	9, 10, 35
Lallemand	25
Lamboursain	33
Lamperrière Le Doyen	39
Lamy	21
Lang	40
Langé	24
Lanquest	4, 7
Laover	40
Laqueuille (de)	20
Latreille (de)	1, 4, 13
Laudy	28
Laurent	39
Laussedat	30
Len	4
Leaper	5, 7, 9, 10, 39
Le Bon	30, 34
Leborgne	2
Lefebre	5
Lefèvre	10
Le Gray	2, 13
Le Grice	39
Legros (commandant)	20, 30
Legros (M.)	9, 13
Lemling	3, 8, 9, 10
Le Plongeon	4
Lerebours	2, 12
Le Roux	38
Liébert	2, 11, 21
Liesegang	2, 4, 13, 14, 15, 20, 21, 23, 25, 26, 27, 28, 33, 35, 38, 39
Lietze	25
Lignier	31
Linn	4
Lister	9
Loecherer	3, 13
Lohse	9
Lommel	9
Londe	3, 19, 29, 34
Long	23
Lostalot	25
Lüdgers	12
Lumière	19

M

O'Madden	6
Maihak	22
Maimbressy (de)	3
Malet	23
Malley	31
Malot	5
Maltitz	39
Mamelok	7
Mansion	4
Marchand	10
Marcy	9
Mareschal	40
Marey	11, 29, 34
Marion	2, 4, 9, 13
Markl	13, 39
Marktanner-Turneretscher	31
Marneau	38
Marselli	30
Marson	4, 13, 15, 18
Martens	3
Martin	1, 4, 13, 28, 33
Marx	4
Mason	4, 23
Masselin	22
Mathet	10, 16, 19, 20
Maumené	10

LISTE DES AUTEURS

Mayer.................... 11
Mazac.................... 13
Meddelelser.............. 39
Meldola.................. 10
Mendel................... 4
Mendoza............. 4, 17, 39
Mentienne................ 8
Mercator................. 15
Mercier.................. 20
Meunier.................. 28
Meydenbauer.............. 30
Middleton................ 25
Miethe............. 17, 18, 38
Mills.............. 11, 31
Milsom................... 15
Mitchell................. 17
Moëssard.............. 9, 30
Mollessier............... 31
Moigno.............. 17, 28
Molard (de).............. 13
Molteni.................. 28
Mouckhoven. 1, 2. 9, 13, 14, 15, 20, 21, 27
Monet.................... 25
Monrocq.................. 25
Montagna............. 21, 38
Montalti................. 14
Mook..................... 25
Mörch.................... 25
Motteroz................. 25
Mouchez.................. 34
Mücke.................... 23
Müller.............. 17, 23
Muffone.................. 3
Murer.................... 4

N

Nadar................. 34, 40
Napias................... 39
Newhauss................. 31
Neumann.................. 9
Newton................... 3
Niepce (I.).............. 8
Niepce de Saint-Victor... 25, 39
Niewenglowski......... 3, 9
Ninet-Brandely........... 39

O

Odagir................... 15
Ogonowski................ 24

Olchin................... 40
Olivier.................. 40
Ommeganck................ 13
Oppel.................... 31
Otté..................... 11
Ottin.................... 34
Ourdan................... 23

P

Paar..................... 23
Pabst.................... 2
Paganini................. 30
Palaz.................... 9
Palmer................... 15
Panajou.................. 4
Parona................... 2
Paté..................... 30
Pauly.................... 12
Pélegry.................. 11
Péligot.................. 10
Pellat................... 9
Pelletan............. 31, 40
Peragallo............ 31, 34
Percy-Lund............... 39
Perrot de Chaumeux..... 5, 13
Petersen................. 40
Petit.............. 4, 11, 34
Pelzwal.................. 9
Pfeiffer................. 31
Phipson.................. 7
Pierson.................. 11
Pike..................... 28
Pinot.................... 20
Piquepé.................. 23
Pizzighelli... 4, 5, 6, 15, 18, 20
Plucker.................. 32
Poitevin................. 25
Pokorny.................. 22
Pollack.................. 30
Porro.................... 9
Portae................... 39
Pretchl.................. 9
Pretsch.................. 25
Pricam................... 39
Price................. 7, 24
Pringle............ 3, 28, 31

Q

Quekett.................. 31
Queslin.................. 12

R

Radau	9, 10, 18, 34
Randal-Spaulding	5
Rayet	8
Raymond	23
Ray Woods	9
Reeb	19
Reed	30
Reich	26
Reichardt	31
Reinicke	31
Remelé	4, 11
Renauld	33
Richard	6
Richter	27
Righi	13, 32
Rintoul	28
Riots (de)	33
Riz-Paquot	33
Riston	36
Ritschel	24
Robert	3
Robert (Karl)	11, 24
Robertson	5
Robinson	3, 11
Robiquet	4, 13
Roche	3, 5
Rochet	11
Rodriguez	25
Rogers	7, 39
Roller	9
Rood	9
Roseleur	25
Rosenthiel	9
Rossignol	3
Roster	31
Roth (de)	8, 13
Rotter	20
Rouch	4
Rouché	11
Roux	3, 15, 16, 22, 25, 34
Russel	13

S

Salvétat	33
Salet	9
Santoponte	4
Sauvel	36
Sawyer	25
Scamoni	25
Schaeffner	7, 24, 25
Scherer	8, 25
Schiefferdecker	31
Schiendl	2, 8, 11
Schierer	40
Schiffner	30
Schippang	4
Schirm	17
Schmaedel (Von)	25
Schmid	3, 15
Schmidt	4, 13
Schnauss	1, 3, 4, 7, 13, 17, 25, 39
Schnelling	1, 2, 11
Schranck	4, 40
Schrœder	9
Schuberth	39
Schulz-Hencke	31
Schwier	33, 38, 40
Scolik	7, 15, 16, 29, 40
Scotti	25
Secrétan	9, 12
Sella	2, 3, 10
Simons	25
Simpson	21
Sinclair	15
Slingsby	17
Snowden Ward	14
Sobacchi	21
Soleil	4
Sorel	34
Soret	9
Sparling	3
Spaulding	5
Spiller	10
Srna	40
Sresniewski	4
Stanley	5
Stein	28, 34, 39
Steiner	34
Steinglein	31
Sternberg	4, 31
Stevens	39
Steward	11
Stoehrer	28
Stolze	11
Sturenberg	31
Sturney	4, 38
Suckow	10
Sutton	1, 7, 13, 20
Swan	13, 15, 18, 21

T

Talbot	4, 28, 34
Taylor	4, 9, 10, 38
Testelin	9, 27
Texier de la Ser	2
Thenot	11, 24
Thierry	12
Thoerner	28
Thornthweite	4
Tillard	13
Tissandier	8, 34, 40
Tisserand	8
Toifel	25
Touche (de)	4, 20
Tournois	25
Towler	9, 15, 39
Tranchat	7
Trask	14
Tronquoy	30
Trutat	15, 25, 27, 28, 31, 34
Tudot	25
Tylar	11, 31
Tyndall	9

V

Valicourt (de)	4, 13
Vallette	25
Vallot	39
Veillas	39
Verdet	9
Vespignani	25
Veynes	7
Viallanes	31
Vidal	4, 5, 6, 7, 16, 18, 21, 25, 34, 39
Vieuille	4
Villemain	35
Villon	25
Violle	9
Vogel	1, 2, 4, 7, 8, 9, 10, 16, 21, 39, 40
Volkmer	17, 30

W

Wake	24
Waldow	25, 39
Wall	1
Wallace	4
Wallon	9
Warnerke	15
Warren	11
Watherhouse	22
Watkins	18
Wauwermans	36
Weiske	39
Weiss	25
Weisshaupt	25
Welford	4, 28, 29
Wenck	39
Werge	3, 8
Wheeler	27, 34
Wilkinson	25
Willemin	27
Wilson	1, 2, 8, 28
Wolkmer	22
Wood	4, 9, 28
Woodbury	1, 20
Wormald	18
Wulf	40
Wyles	5

Y

Yvon	31

Z

Zambellini	36
Zamboni	23
Zeiss	31
Zenker	16, 26
Zinken	9
Zoellner	18
Zschetzschingck	

TABLE DES MATIÈRES

Sommario. – Table of contents. — Inhalt Indice

	Page
Préface. — Prefazione. — Vorrede. — Prologo............	1

Liste méthodique. — Elenco metodico. — Methodische Liste. — Methodic list. — Lista metódica

	Chapitres
Encyclopédies..	1
Traités généraux. — Allgemeine Abhandlungen..............	2
Petits traités. — Kleine Abhandlungen....................	3
Manuels. — Hand books. — Handbücher...................	4
Photographie des débutants. — Fotografia per principianti. — Photographie für Anfängern. — Photography for Beginners.	5
Photographie en voyage. — Photographie für Touristen......	6
Formulaires..	7
Histoire. — Geschichte. — Storia.........................	8
Optique...	9
Chimie..	10
Esthétique..	11
Daguerréotypie..	12
Collodion...	13
Ferrotypie..	14
Gélatino-bromure d'argent................................	15
Chromophotographie.....................................	16
Eclairage artificiel. — Illuminazione artificiale..............	17
Temps de pose. — Esposizione. — Belichtungszeit	18
Developpement. — Sviluppo..............................	19
Photocopie..	20
Photocopie au charbon. — Kohledruck....................	21
Photocalque...	22
Retouche...	23
Peinture..	24
Phototirages. — Processi fotomeccanici...................	25
Photochromographie.....................................	26

TABLE DES MATIÈRES

Agrandissement et réduction. — Vergrösserung und Reducirung.	27
Projections	28
Photographie instantanée. — Moment-Photographie	29
Métrophotographie	30
Microphotographie	31
Stéréophotographie	32
Céramophotographie	33
Applications diverses	34
Matériel	35
Législation	36
Documents	37
Annuaires	38
Divers	39
Journaux photographiques	40
Table des noms d'auteurs................ Page	75
Table des matières...	83

MÊME SOCIÉTÉ

BIBLIOTHÈQUE GÉNÉRALE de PHOTOGRAPHIE

PUBLIÉE SOUS LA DIRECTION DE ABEL BUGUET

La Photographie de l'Amateur débutant, par Abel Buguet. — Un volume avec 44 figures. Troisième édition, revue et augmentée.................... 1 fr. 25

L'Atelier de l'Amateur, par Fleury-Hermagis. — Un volume avec figures........................... 1 fr. 50

Traité des Excursions photographiques, par Fleury-Hermagis et Rossignol. — Un volume illustré, troisième édition............................. 6 fr. »

L'Aristotypie, par le Commandant Legros. — Un volume avec une épreuve de Liesegang........ 2 fr. »

La Photogrammétrie, par le Commandant Legros. — Un volume avec 50 figures................ 5 fr. »

Recettes Photographiques (1re série), par Abel Buguet. — Un volume illustré contenant 300 recettes.. 2 fr. »

Recettes (2e série), par Abel Buguet. — Un volume contenant plus de 300 recettes. Broché........... 2 fr. »

L'éclairage dans les ateliers de photographie, par Ducuochois. Traduit de l'édition américaine, par C. Klary. — Un vol............................ 3 fr. »

Le photographe portraitiste, par C. Klary. — Un vol. avec nombreuses gravures..................... 5 fr. »

Les travaux du soir de l'amateur photographe, par Hepworth, traduit par C. Klary. — Un vol. in-8° avec nombreuses illustrations...................... 4 fr. »

Annuaire de la photographie, par Abel Buguet. — Un vol. in-8° illustré............................ 2 fr. 50

Manuel de Chimie photographique, par Maumené, docteur ès sciences. — Un volume................ 5 fr. »

Manuel pratique des projections lumineuses par T.-C. Hepworth. — In-18 de 300 pages, illustré de 75 figures.................................. 5 fr. »

L'Objectif photographique, fabrication, essai, emploi, par G.-H. Niewenglowski. — Un vol. in-18, avec fig. 2 fr. »

L'année photographique, par Abel Buguet. — Un volume illustré de 35 gravures et de 2 photolypographies hors texte............................. 4 fr. »

Formules photographiques, par Abel Buguet (600 numéros)................................... 3 fr. »

Formules photographiques, par Abel Buguet. 1 vol. 3 fr. »

Memento de photographie, par Abel Buguet. Un vol.

La photographie devant la loi, par Bigeon (1892). 2 fr. 50

Le mouvement étudié par la photographie, par Marey, de l'Institut.

L'homme en mouvement (*Études de physiologie artistique*), par Marey, de l'Institut et Demeny. Album... 4 fr.

Lumière, couleur et photographie, par Louis Calmette, agrégé ès sciences physiques et naturelles. Un vol. in-18, avec grav............................. 2 fr. »

La photographie nocturne, par Klary. Un vol. ill. 4 fr.

Envoi franco par la poste contre un mandat.

www.ingramcontent.com/pod-product-compliance
Lightning Source LLC
Chambersburg PA
CBHW070206230526
45471CB00002B/844